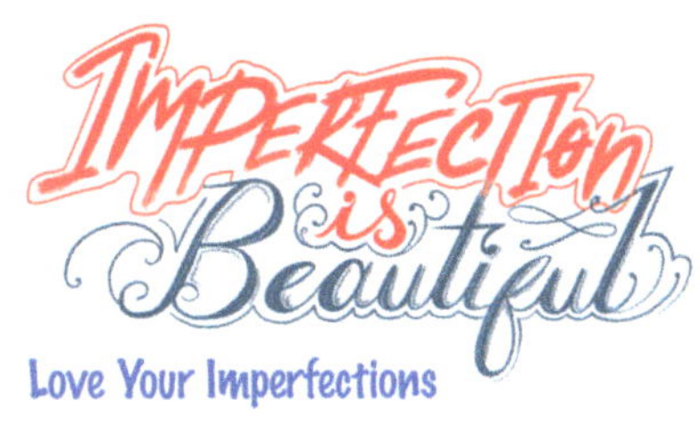

PINTANDO EL *Camino* DE MI *Vida*

Lisa MacDonald

Las direcciones de Internet dadas en este libro eran precisas en el momento en que se imprimió.
Impreso en los Estados Unidos de América
Publicado en Hellertown, PA

Diseño de portada por Crystal Hunter-Jones
ISBN 979-8-89420-013-2
Para obtener más información o realizar pedidos al por mayor, póngase en contacto con el autor o Jennifer@BrightCommunications.net.

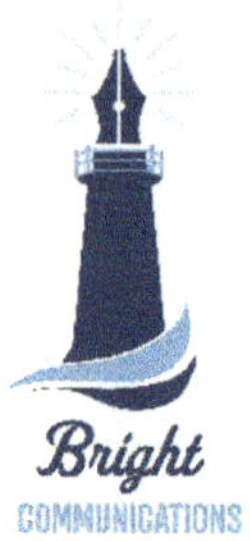

A mis padres, Richard y Belkys MacDonald, y a mi amado novio, Zane Landis, quienes me han apoyado y me han permitido seguir adelante para seguir adelante con mis sueños como artista

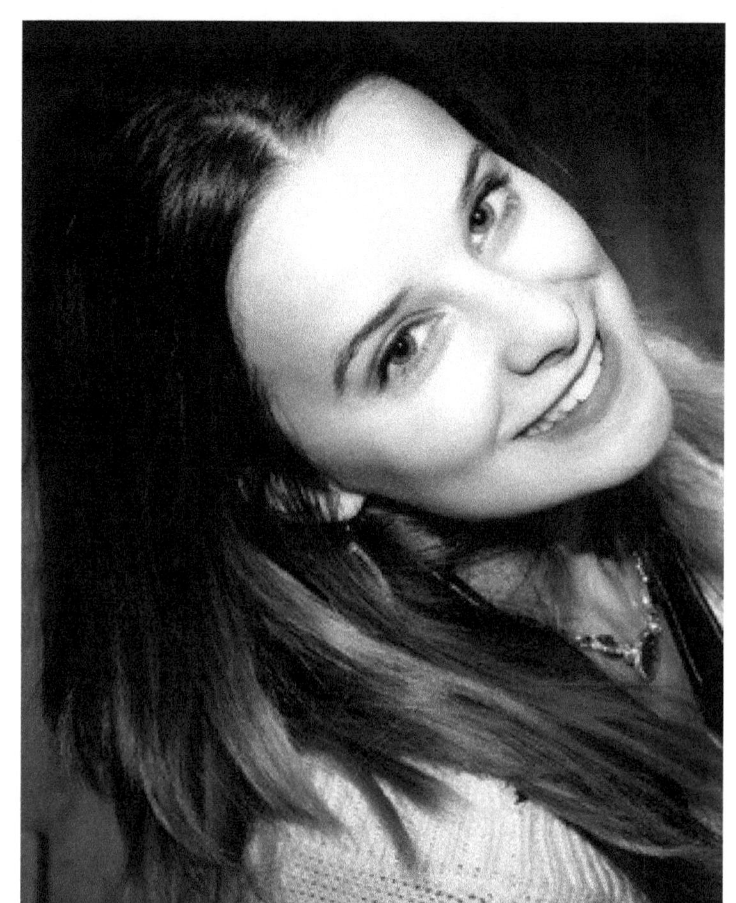

Acerca de Lisa MacDonald
Artista Motivacional Abstracta

He estado creando arte desde que tenía seis años. Siempre me ha gustado usar muchos colores vibrantes porque siento que los colores conforman la felicidad.

Durante mis años escolares, fue difícil hacer amigos porque era muy diferente y también porque no quería ser como los demás. Tengo una discapacidad de aprendizaje, lo que me dificulta comprender temas complejos y participar en diferentes clases.

Además, soy medio dominicana. Hablo español e inglés. A veces mezclo mis palabras y los estudiantes se burlan de mí. Por la forma en que me trataban, sentía que no era bueno en nada y que no era tan inteligente como el promedio de los estudiantes. A pesar de que la escuela era difícil y las clases no eran atractivas para mí, descubrí que soy buena en el arte. Es donde puedo ser libre. El arte me ha mostrado formas de tener confianza en mí misma. Me enseñó que puedo hacer cualquier cosa que me proponga. Además, el arte me distrae de mis discapacidades.

Mi obra define quién soy y qué hago. Diseño mis obras de arte en una forma abstracta porque creo que le da a mis obras de arte una vista imperfecta pero hermosa. La imperfección de mi obra simboliza todas nuestras propias imperfecciones humanas. Quiero incluir el verdadero significado de las imperfecciones en mi obra de arte para difundir esta conciencia a otros que luchan por aceptar sus propias imperfecciones.

Quiero darle a la gente la esperanza y el amor que pueden estar buscando.

Cada pieza que creo tiene un significado para mí como artista. Compartir ese significado es la parte más importante y gratificante de lo que hago. Creo que mi arte se conecta especialmente con las personas que necesitan positividad y motivación en sus vidas.

Creo que mi arte y yo tenemos un mensaje poderoso para mostrar y hablar por las personas de nuestro mundo.

Todos estos aspectos se combinaron para convertirme en un Artista Motivacional Abstracto.

Como artista motivacional abstracto, mi objetivo es difundir positividad y motivación. Quiero que mi obra de arte y mi voz marquen la diferencia en nuestro mundo. Quiero que mi obra de arte ayude a las personas a sentirse conectadas y motivadas cuando atraviesan las luchas de la vida. Quiero que mi mentalidad positiva hable al mundo y cambie la vida de las personas. Finalmente, quiero crear conciencia a través de mi trabajo y mi voz para ayudar a nuestra comunidad a estar en un lugar mejor.

Reconocimientos

Gracias a todos los que me han apoyado a lo largo de mi viaje.

Quiero agradecer a mis dos hermanos, William y Lusinky, por animarme a seguir mis sueños como artista.

Quiero agradecer a mi madre, Belkys MacDonald, y a mi padre, Rich MacDonald, por su apoyo y paciencia conmigo y mi viaje. Quiero agradecer a mi novio, Zane Landis, por ser una influencia positiva en mi vida y ayudarme a superar todas las luchas por las que he pasado.

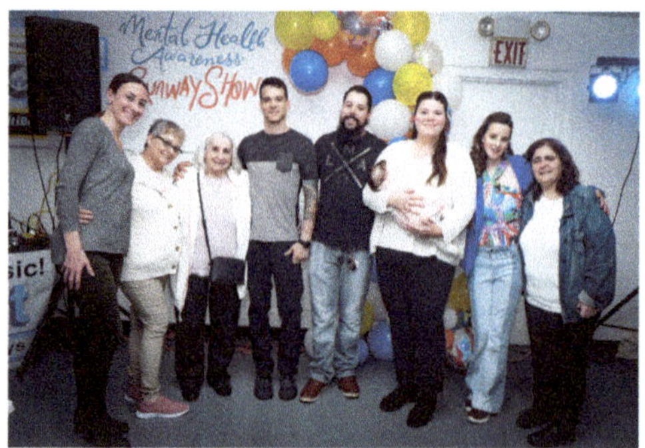

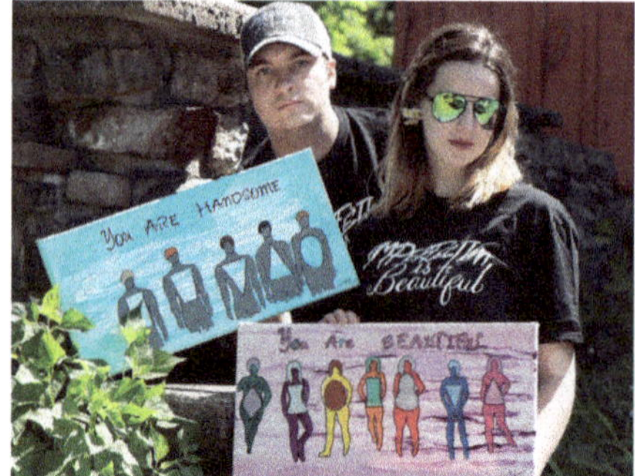

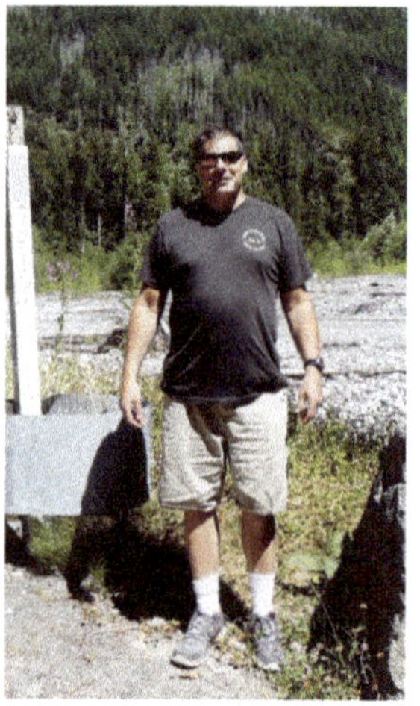

Por último, quiero dar las gracias a todos mis seguidores que son fieles a mí por creer siempre en mí.

Sobre el Editor

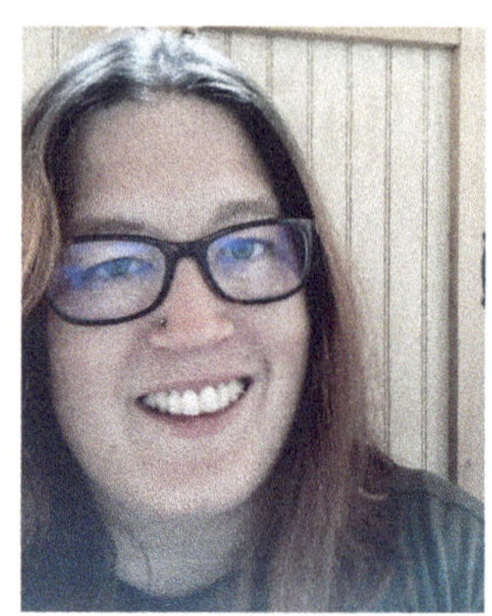

Rachael Goetzke-Hughes obtuvo su Maestría en Bellas Artes en Escritura Creativa de la Universidad de Wilkes. Sus memorias, *Us Girls: My Life Without a Uterus*, fueron publicadas por Big Table Publishing en 2018. Le encanta el arte, los gatos y Pearl Jam. Dijo que trabajar en este proyecto fue un honor. Bloguea sobre todo lo relacionado con la música y la escritura en http://kindalikeapoet.wordpress.com. Puedes aprender más sobre ella y sus memorias en https://rachaeljhughes.wixsite.com/ shewritesforyou.

Sobre el Diseñador Gráfico

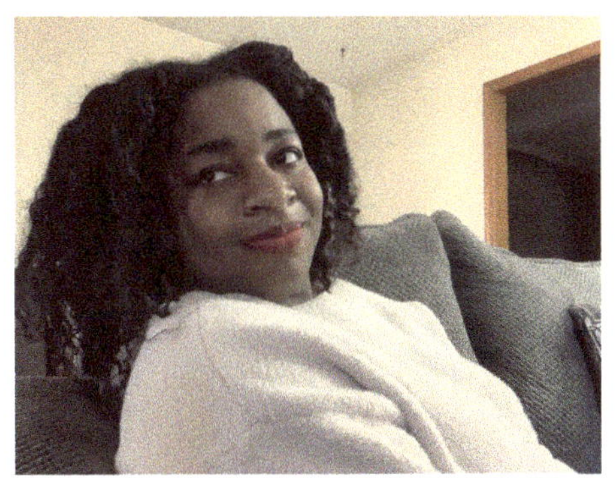

Crystal Hunter-Jones se graduó de la Universidad Kutztown de Pensilvania en 2019. Especializada en diseño gráfico, ha obtenido reconocimiento por su trabajo en diversos proyectos, que van desde logotipos hasta diseño web.

La dedicación de Crystal a la excelencia visual la ha puesto en un camino de éxito artístico e innovación. Póngase en contacto con ella para obtener más información Crystalhunterjones@gmail.com.

Sobre los Fotógrafos

Mike Robinson tomó las fotos del arte y del autor. Mike ha sido fotógrafo profesional durante más de 30 años. Sus aventuras en esta forma de arte lo han llevado a mar abierto en grandes veleros, repeliendo edificios de 200 pies y capturando las lágrimas de una novia y un novio el día de su boda. La cámara ha recorrido una vida maravillosa capturando los corazones, la belleza y las emociones de todo lo que ha fotografiado.

Obtenga más información sobre lo que hace mike@mikerobinsonproductions.com.

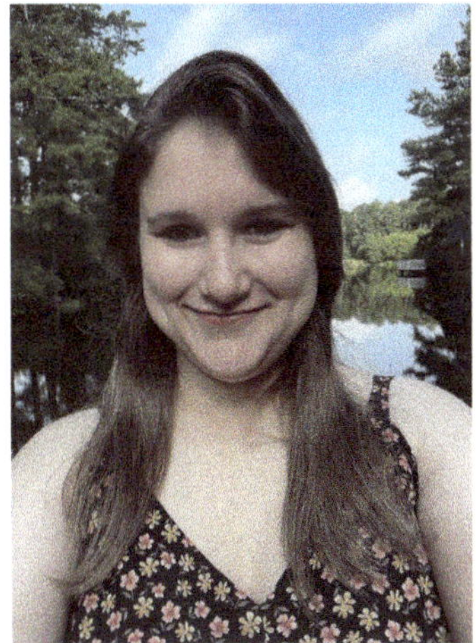

Lauren Strickland es una fotógrafa con habilidades únicas con un título de asociado en fotografía y tecnología que se graduó del Instituto de Fotografía y Diseño Gráfico. Lauren tomó las fotos de cada pintura.

Síguela en Facebook para ver imágenes únicas y hermosas de la naturaleza https://www.facebook.com/LaurenJonesProphotography.

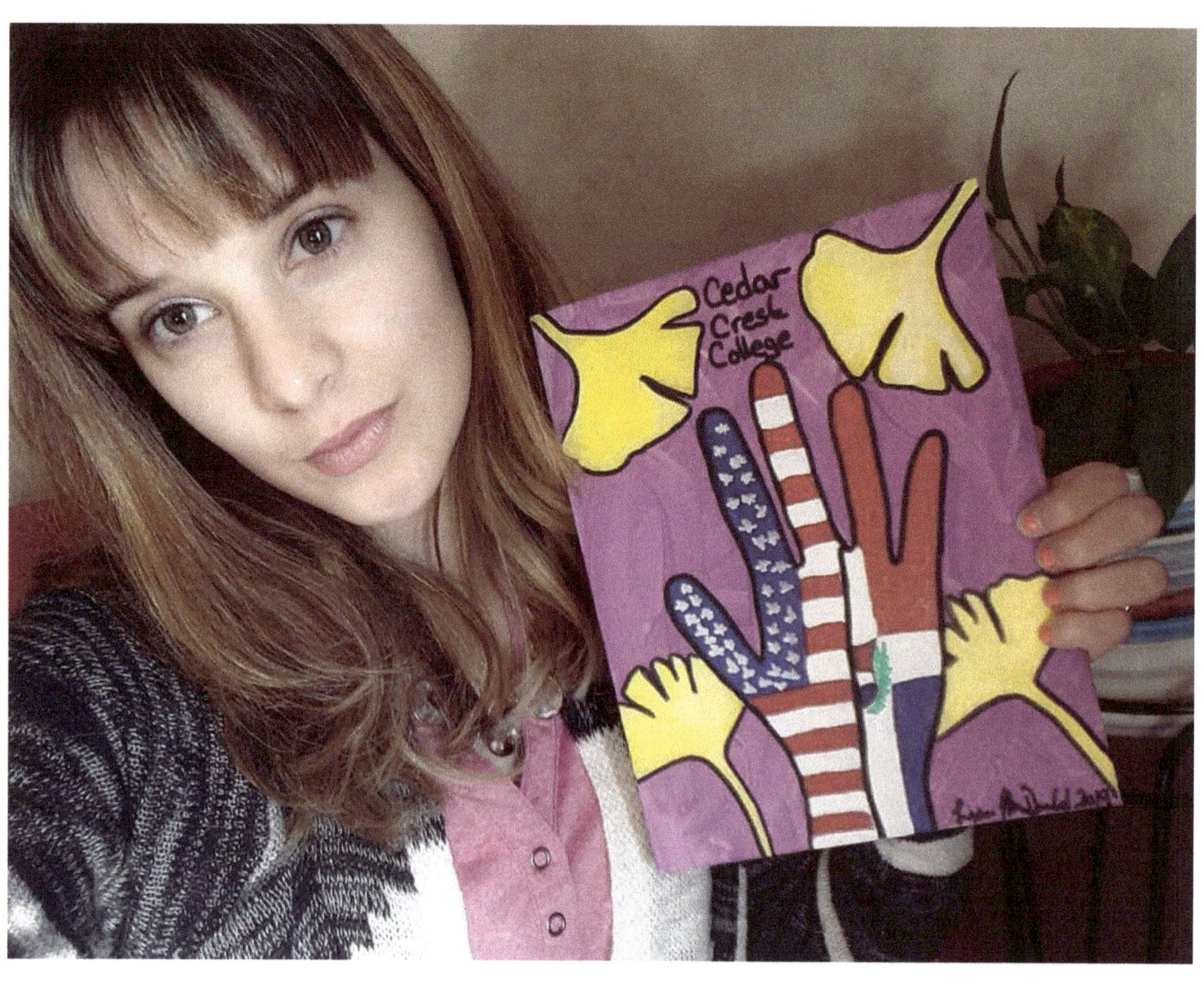
Cedar
Crest
College

Crecí en una familia mestiza. Mi madre es de República Dominicana, y mi padre es de Pensilvania y es holandés de Pensilvania (alemán). Ambos me hablaban idiomas diferentes, así que toda mi vida he hablado spanglish. Mi madre puede hablar inglés, pero sentía que era importante que sus hijos supieran dos idiomas, así como aprender sobre la cultura, la comida y el estilo de vida de la República Dominicana. Mi mamá nos llevaba a mí y a mi hermano William a República Dominicana para visitar a nuestra familia extendida de la cual tengo tantos: tíos, tías y muchos, muchos primos.

Siempre disfruté de mi tiempo en República Dominicana y de sentirme tan conectada con la gente, la cultura y, por supuesto, la comida. Fue una bendición conocer a todo el mundo y sentirme aceptado en ese país. Todo el mundo en República Dominicana nos abrazó a mi hermano y a mí, y nos trataron como si perteneciéramos allí.

Fue una experiencia muy aleccionadora ver lo diferente que es su estilo de vida en comparación con lo que tenemos en Estados Unidos. Seguro que estamos mimados.

Ver zonas afectadas por la pobreza en la República Dominicana fue devastador para mí. Vi chozas, madres lavando la ropa a mano y niños jugando con piedras y palos como juguetes. Realmente me abrió los ojos a una perspectiva completamente nueva de mi vida, la cantidad de cosas que tengo en casa y cómo la mayoría de los estadounidenses lo tienen tan fácil. Me dieron ganas de donar mi ropa, juguetes y joyas a República Dominicana.

Recuerdo que después de mi dulce fiesta de cumpleaños de dieciséis años, mi mamá donó el enorme vestido lavanda abullonado que usé solo una vez para esa fiesta a una niña en República Dominicana. Se preparaba para celebrar su *fiesta de quince, que* es una tradición dominicana. Hacer esto significa que una niña entra en la edad adulta y muestra su pureza y preparación para el matrimonio.

Cuando vi a esa chica ponerse ese vestido, lloré al ver cómo brillaba su hermosa piel bronceada. Me dio mucha felicidad saber que ella consiguió un vestido perfecto para su día especial.

En mi ciudad natal en Pensilvania, la gente me discriminaba tanto que perdí mi identidad. Sentía que ni siquiera me conocía a mí misma. Aunque duele, no dejé que eso me detuviera. Me expresé a través del arte. Ahora, me muestro a la comunidad expresando con confianza que soy bilingüe y media dominicana. La gente tiene que tener una mente más abierta y aceptar que el hecho es que en Estados Unidos todos somos mestizos, ¡y todos somos únicos!

Pinté esta mano porque quería representar que soy mitad estadounidense y mitad dominicana. Esta pintura fue hecha para la universidad a la que asistía, que estaba organizando un taller en Cedar Crest College llamado "Expresa tu nacionalidad a través del arte". Era una forma de que otros crearan arte, se conectaran, tuvieran la mente abierta y aprendieran unos de otros.

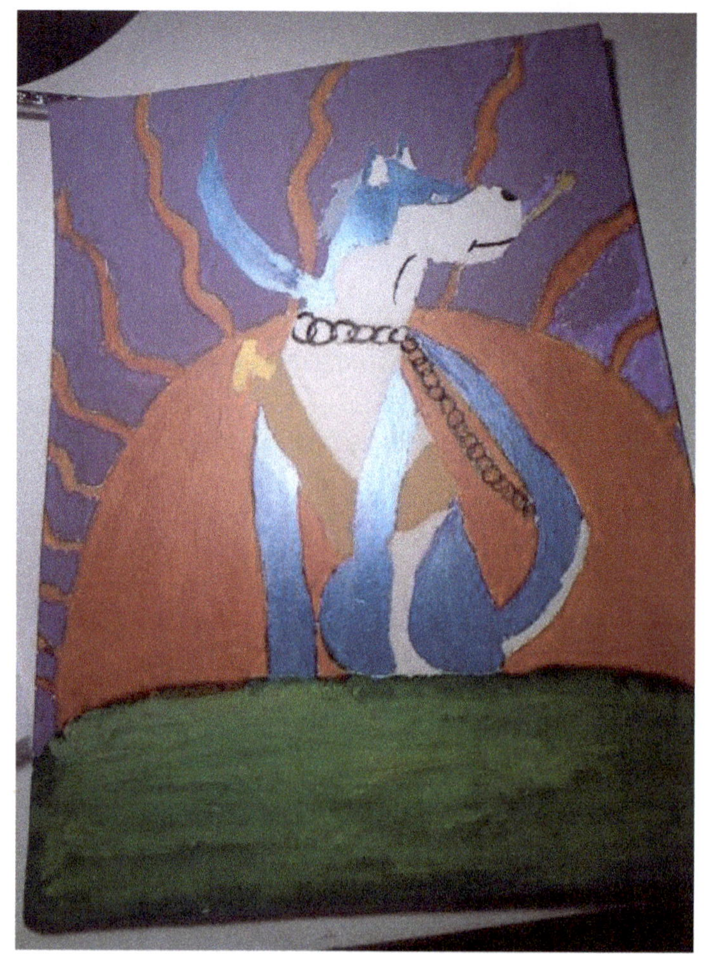

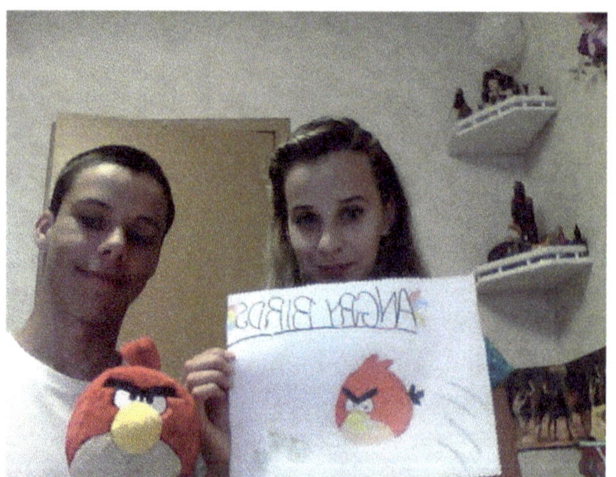
ANGRY BIRDS

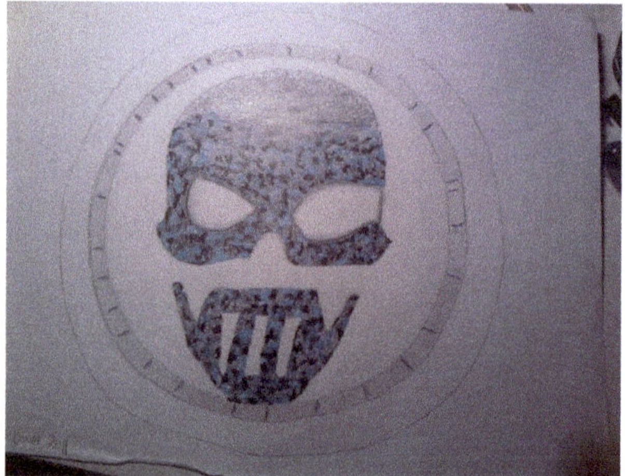

Mi Partidario

2006

Al crecer, siempre me encantó dibujar y hacer manualidades. Era mi escape de la escuela y mis problemas para aprender diferentes materias. Fue difícil hacer amigos, especialmente chicas, porque siempre querían pelear conmigo y derribarme. Así que en lugar de hacerme amigo de las chicas, aprendí a ser amigo de mí mismo y de mi arte.

Mi hermano, William, siempre estaba ahí para darme ideas e inspiraciones para dibujar. Siempre lo admiro porque sabe lo que es mejor para mí y me motiva a ver más en mi arte. Cada vez que jugaba a un nuevo videojuego, me pedía que dibujara un personaje o un logotipo. Me emocioné y quise hacer todo lo posible para impresionarlo con mi increíble trabajo. Sus amigos también me dieron ideas y sugerencias sobre qué otras cosas puedo dibujar. William siempre me enseñó a ser fuerte, a no dejar que los demás me menospreciaran y a centrarme en lo que me hace feliz.

Cuando William y yo éramos adolescentes, Facebook se estaba volviendo enorme. Me recomendó que creara una cuenta de Facebook para dar a conocer mi arte. En 2010, creé una cuenta de Facebook y puse todos mis dibujos y pinturas en línea. Recibí comentarios increíbles de la gente y me hizo sonreír ver cuánta exposición tuve. Estaba emocionada de contarle a William sobre toda la exposición y lo agradecida que estaba de que me recomendara hacer esto.

Al crecer, William no solo era mi hermano, sino que era mi único amigo en el que podía confiar y con el que podía sentirme segura. Era mi apoyo número uno. Gracias a él, comencé a convertirme en el Artista Motivacional Abstracto que soy hoy.

Como adulto, todavía persiguiendo mi sueño de la infancia, es una gran bendición saber que siempre tengo a mis dos hermanos apoyándome: William y Lusinky. Crecí con Lusinky, pero nos llevamos doce años de diferencia y no nos acercamos hasta el final de mi adolescencia. Tener ese apoyo positivo de ambos es la mejor sensación que hay.

A veces me siento incómodo hablando con ellos sobre mi arte porque tengo un estilo de vida muy diferente al de ellos. Ambos están casados, tienen hijos y están viviendo sus mejores vidas. Aunque estoy viviendo mi sueño de la infancia, a menudo no estoy seguro de dónde pertenezco en este mundo promedio. Mis hermanos nunca me juzgan por mi estilo de vida. Siempre quieren saber cuál es mi próximo movimiento. Siempre estaré agradecido por mis hermanos, y siempre estoy ahí para ellos porque ellos siempre han estado ahí para mí.

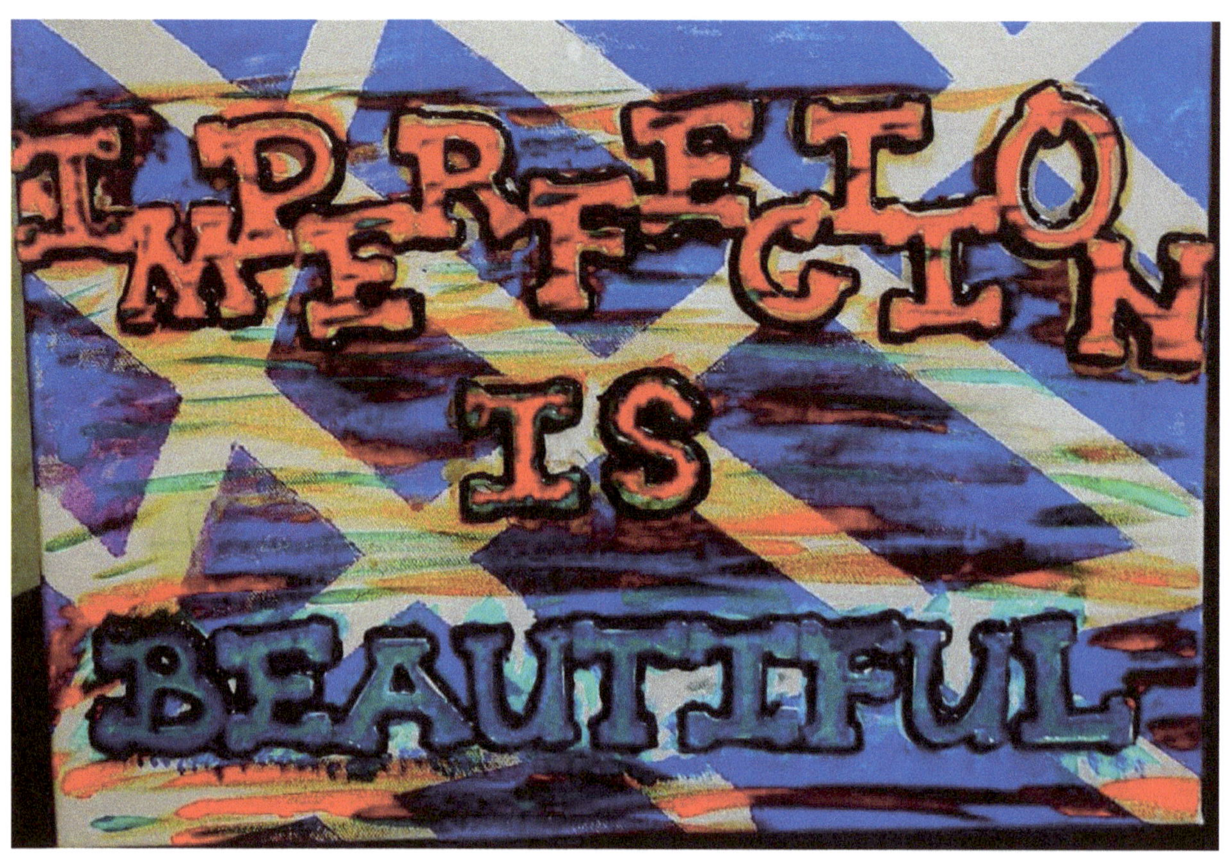

La Imperfección es Hermosa

2017

"Imperfection Is Beautiful" es un logo artístico para mis redes sociales: Facebook, Instagram y YouTube. Mi arte y yo mismo estamos hechos de imperfecciones. Mi arte tiene muchos errores, y yo convierto esos errores en algo hermoso. Los errores son una forma de pensar críticamente sobre cómo puedo hacer que funcione.

En mi caso, estoy empezando a aceptar todas mis imperfecciones, lo que incluye el acné, el cabello y las uñas, básicamente todo lo que es una lucha para cualquier mujer joven. Creo que mi belleza natural me hace sentir profundamente hermosa, a pesar de todas mis imperfecciones.

Me veo a mí mismo como un artista y también como una obra de arte. Todavía me estoy desarrollando en este mundo real. Mi mente está llena de ideas creativas que merecen ser conocidas y escuchadas. El arte ha estado en mi vida durante tanto tiempo que mi estilo se asemeja a mi propia obra de arte.

Mi estilo de moda también es muy único, con colores y patrones divertidos como mi obra de arte. Me gusta agregar capas de ropa porque me gusta la forma en que la ropa fluye sobre mi cuerpo, al igual que la pintura fluye sobre el lienzo. Siempre me encanta usar colores porque describen mi personalidad y mi arte. Además, me gusta usar joyas hechas a mano porque me gusta usar algo diferente y cuanto más único es un objeto, más me representa a mí y a mi obra de arte.

Del mismo modo, me encanta crear obras abstractas porque creo que el arte abstracto es calmante y evocador de emociones. Este logotipo artístico *"La imperfección es hermosa"* me ha ayudado a encontrar la autoaceptación y me ha proporcionado una vida mejor. Espero que anime a otros a hacer lo mismo. Gracias al arte,

Mi vida es tan completa, incluso con toda la imperfección y la belleza que hay en ella. ¡Estoy feliz de vivir de esa manera!

La razón principal por la que me he metido en esto es por mi difícil experiencia con el acoso. En la escuela, nunca sentí que era lo suficientemente buena. Pasé por un momento especialmente difícil en 2014 y 2015. Pero en 2015, me demostraron que tengo un hermoso propósito. Mi novio, Zane, y yo fuimos a un masaje para parejas y Reiki para el Día de San Valentín, y fue la mejor sensación que he tenido. No quería decir solo gracias. Quería expresar esta gratitud a través del arte, así que pinté el logotipo de la empresa y se lo di a una maravillosa dama llamada Deb en persona.

En su carta de agradecimiento, me dijo que lo amaba y apreciaba mucho, y que la motivó a abrir su propia práctica en 2016 llamada Soul Body: www.massagebook.com/ Allentown ~ Massage ~ SoulBodyHealingArts.

Esa carta de agradecimiento cambió mi vida por completo. ¡Me hizo creer que puedo hacer algo con mi arte y mostrarle al mundo que mi arte tiene un propósito! Lancé mi negocio *Imperfection is Beautiful* en marzo de 2017.

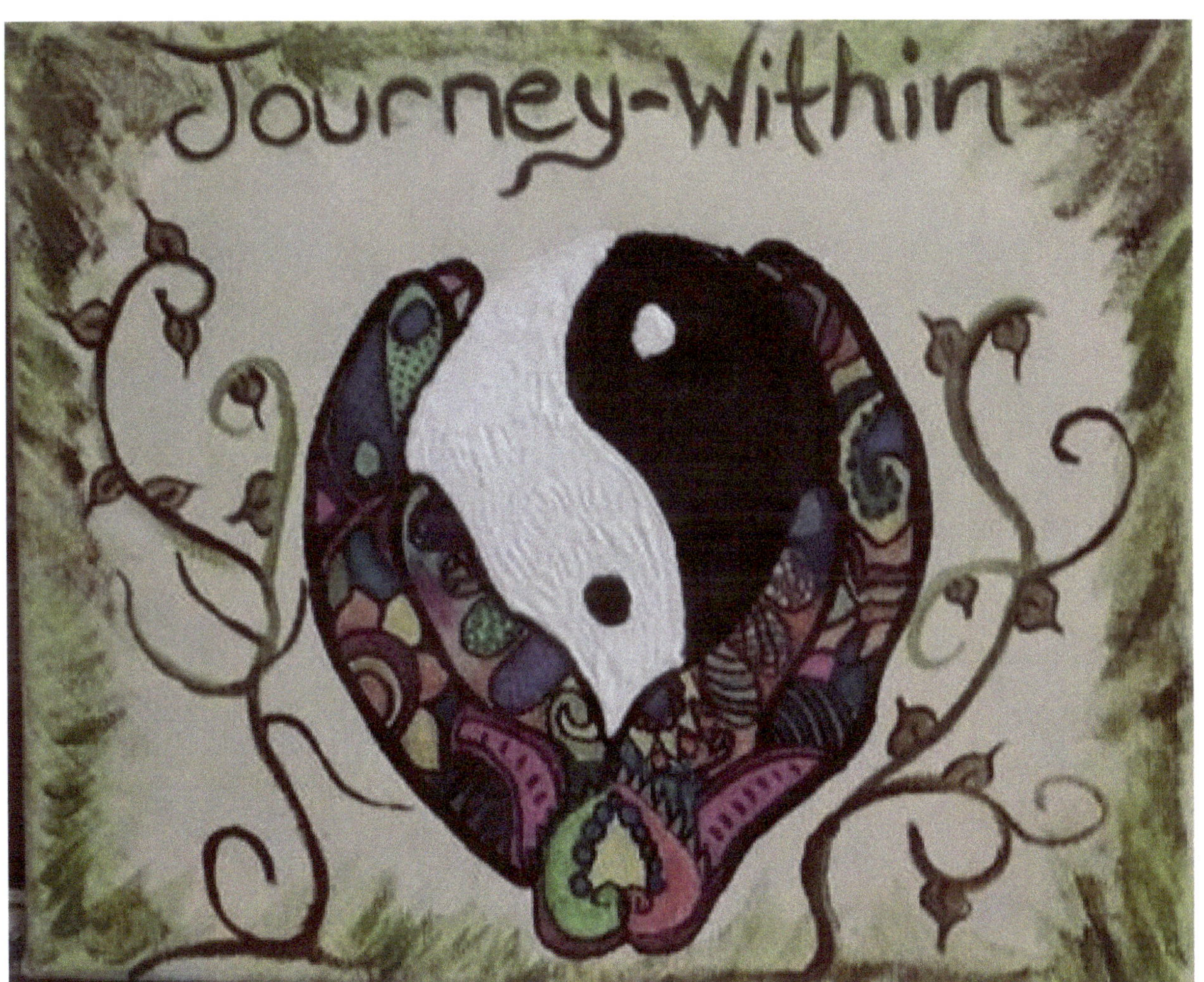

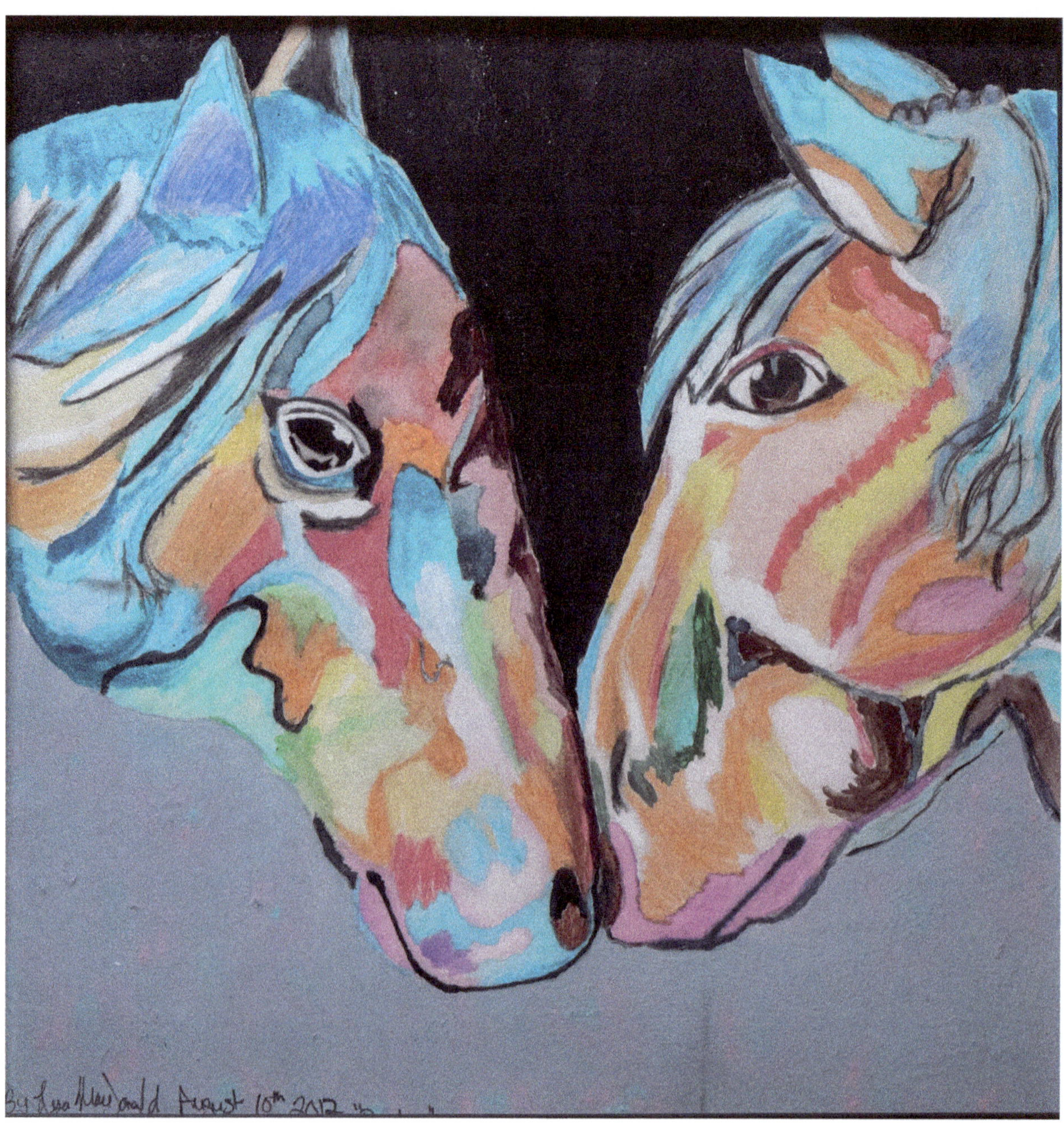
By Lisa MacDonald August 10th 2012

Vibraciones de Colores

Agosto 2012

Desde que era una niña, siempre me han gustado los caballos. Tenía muchas ganas de abrazar los colores y las formas abstractas de las cabezas de estos caballos.

En 2012, cuando estaba en la escuela secundaria, no pude resistirme a dos caballos de colores enamorados. Me encantó dejar volar mi imaginación, agregando texturas, forros, formas y colores interesantes a esta pintura. Utilicé diferentes materiales de arte, incluyendo crayones, acuarelas, acrílicos y lápices de colores.

Alrededor de ese año, quería trabajar en mis propias piezas de arte en lugar de las piezas de arte de la escuela y capturar mis sentimientos usando diferentes tonos de colores para expresar cómo me sentía. Todos estos colores representan la felicidad y el amor. Puedes ver imperfecciones en la forma en que diseñé estas dos cabezas de caballo.

También en 2012, conocí a Zane. Por primera vez, sentí que podía ser yo misma sin juzgarme y hacer lo que me gusta hacer. Me hizo sentir que realmente puedo ser yo misma porque antes de conocer a Zane, siempre me sentí juzgada en función de las ideas que tenía, la ropa que usaba y las obras de arte que creaba. Nunca dejé que mi trabajo se mostrara realmente en la escuela porque tenía miedo de que alguien lo odiara y me dijera que mi trabajo no era lo suficientemente bueno. A pesar de que pensaba que mi trabajo podría significar algo en el mundo, tenía demasiado miedo de mostrarlo.

Pero después de conocer a Zane, me permitió seguir dando a conocer mi trabajo. Hoy, mirando a estos dos caballos, me imagino a mi amor a mi lado, dándome un suave empujón para que el mundo conozca mi nombre y mi arte, sin importar cuán salvajes sean el estilo y los colores. Hoy, dejo que mi amor por las abstracciones me guíe para seguir avanzando, para seguir creando.

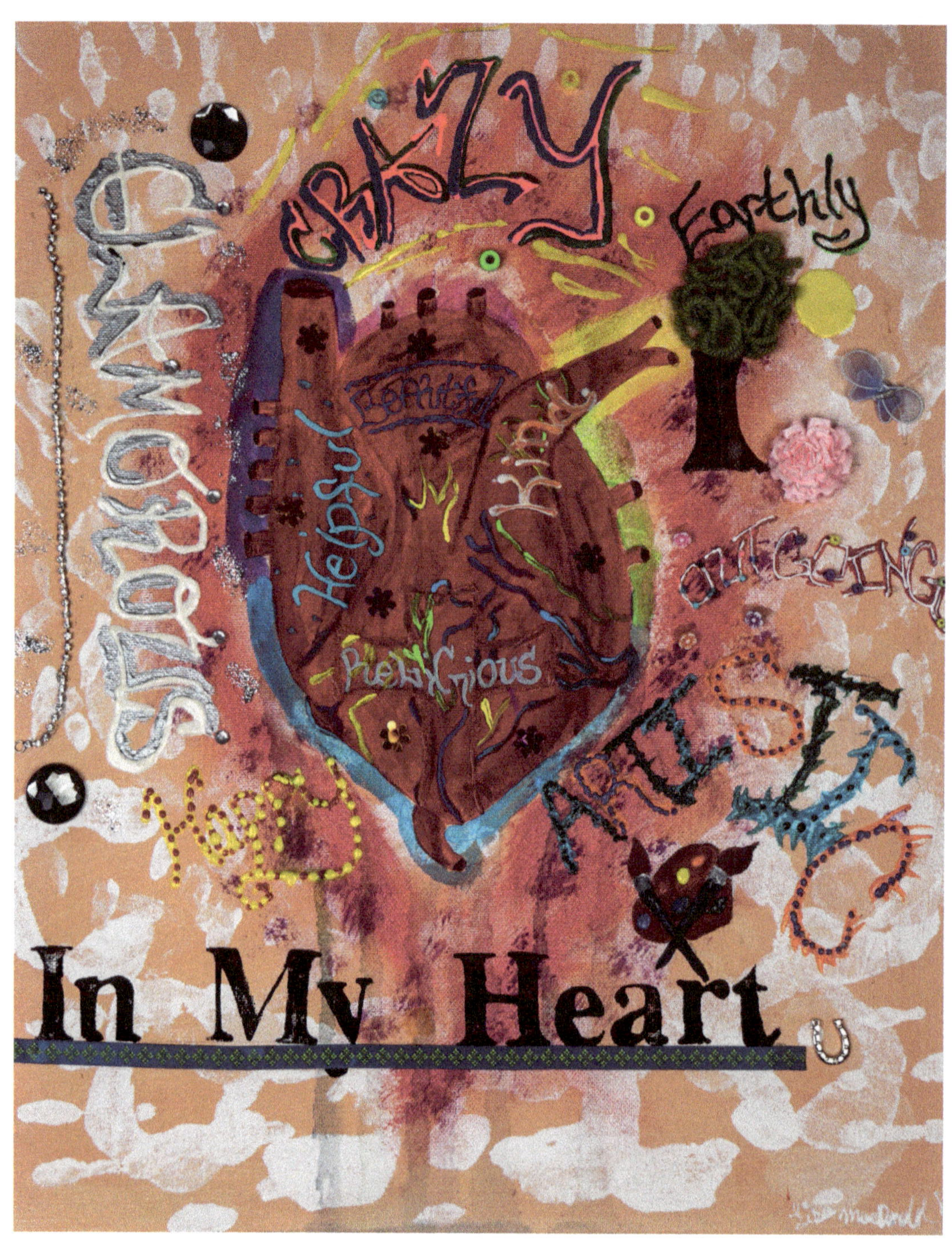

CRAZY
Earthly
GLAMOROUS
Helpful
Kind
Religious
OUTGOING
ARTIST
In My Heart

En Mi Corazón

2014

Tengo un gran corazón lleno de bondad para todas las personas del mundo. No importa lo que una persona me haga, siempre hago todo lo posible para seguir transmitiendo amabilidad.

También soy muy útil, y empujo a otros a encontrar la luz que han estado buscando durante tanto tiempo. Aprecio cada momento ayudando a los demás, marcando la diferencia en sus vidas.

Siempre estaré agradecido por lo que tengo y por dónde estoy en la vida. Tengo un gran grupo de apoyo. Quiero darle a la gente pedazos de mí mismo para que puedan vivir la vida de manera simple y feliz.

Debido a que crecí en un ambiente positivo, tengo una perspectiva positiva de la vida. Quiero retribuir dando mi amor y atención a otras personas y hacerlas sentir especiales. Quiero mostrarles que importan, que son dignos de vivir aquí en la Tierra.

Mostrar mi amabilidad y ayuda crea la belleza interior que tengo dentro de mi corazón. Me siento hermosa por dentro porque hago cosas hermosas para la gente. El sentimiento de belleza que está debajo de la piel y dentro del corazón es la verdadera belleza humana.

También sigo mi lado espiritual con los cristales. Practico mi fe orando por mí y por los demás y escribiendo en mi diario para Dios. Creo que practicar lo que creo me da guía y estructura en mi vida.

Me gusta estar rodeado de gente. Me encanta hablar con ellos, aprender mucho sobre ellos. Creo que es importante comunicarnos y expresar nuestros pensamientos y sentimientos porque las personas prosperan con la comunicación. Nos hace sentir saludables soltar y soltar la tensión.

Personalmente, para mantener mi felicidad, no dejo que nada me detenga a mí y a mi felicidad. La vida puede ser muy desafiante, pero siempre me digo a mí misma que puedo resolver esto y hacer que las cosas sucedan. No me malinterpreten: puedo bajar, pero no por mucho tiempo. Cada día es completamente nuevo, una oportunidad en la que puedo levantarme y sacar la luz dentro de mí.

En los días especialmente buenos, disfruto de momentos locos en los que hago y digo cosas divertidas. No escondo mi personalidad. ¿De qué sirve vivir si te escondes? Le muestro a la gente mi verdadero yo, que a veces puede ser una locura, dependiendo de mi estado de ánimo. Me encanta bromear y hacer el ridículo porque me encanta ver a la gente reír y pasar un buen rato. La risa es asombrosa para el alma.

Estas características de mi corazón me hacen Lisa MacDonald. Son la razón por la que siempre seguiré mi corazón.

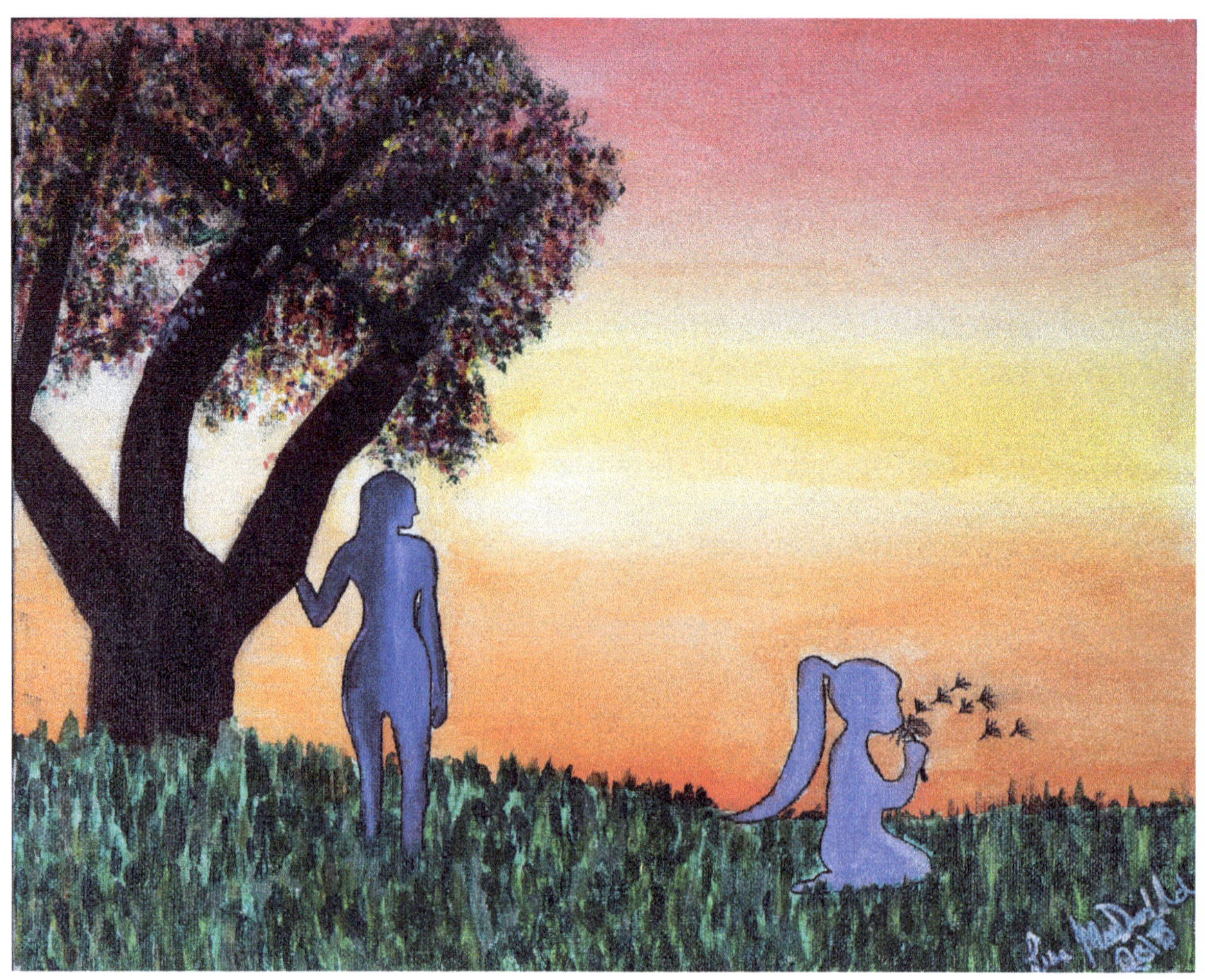

El Aroma de Mi Vida Infantil

Enero 2018

En esta pintura, me imagino a mí misma como una niña pequeña jugando fuera de la casa de mi abuela.

Los olores de la naturaleza (árboles, hierba, flores y viento) me traen buenos recuerdos de cuando era niña. Disfruté de mi infancia cuando estaba al aire libre y siendo libre con la naturaleza. Todo parecía tan puro y tan divertido.

A finales de la primavera y principios del verano, me gusta tumbarme en la hierba, sentir el sol en la cara y escuchar el relajante canto de los pájaros. Siempre he sido un gran fanático de estar al aire libre, observar insectos, recoger hierba y recolectar palos.

Ahora, como mujer adulta, extraño los momentos despreocupados que pasé en la naturaleza cuando era niña. Este mundo estresante puede ser muy abrumador. Ser adulto en general es muy abrumador.

A veces, en un día difícil, disfruto meditando en la hierba para recuperar esos buenos momentos. Pensar en los recuerdos de mi infancia me ayuda a apreciar mi vida, mi familia y a mí mismo.

No importa la edad que tenga, siempre mantendré los recuerdos de mi infancia cerca de mi corazón y abrazaré a mi niño interior. La naturaleza me hizo crear esta hermosa obra de arte para mirarla todos los días y todas las noches para recordarme a mí misma lo increíble y pacífica que fue mi infancia.

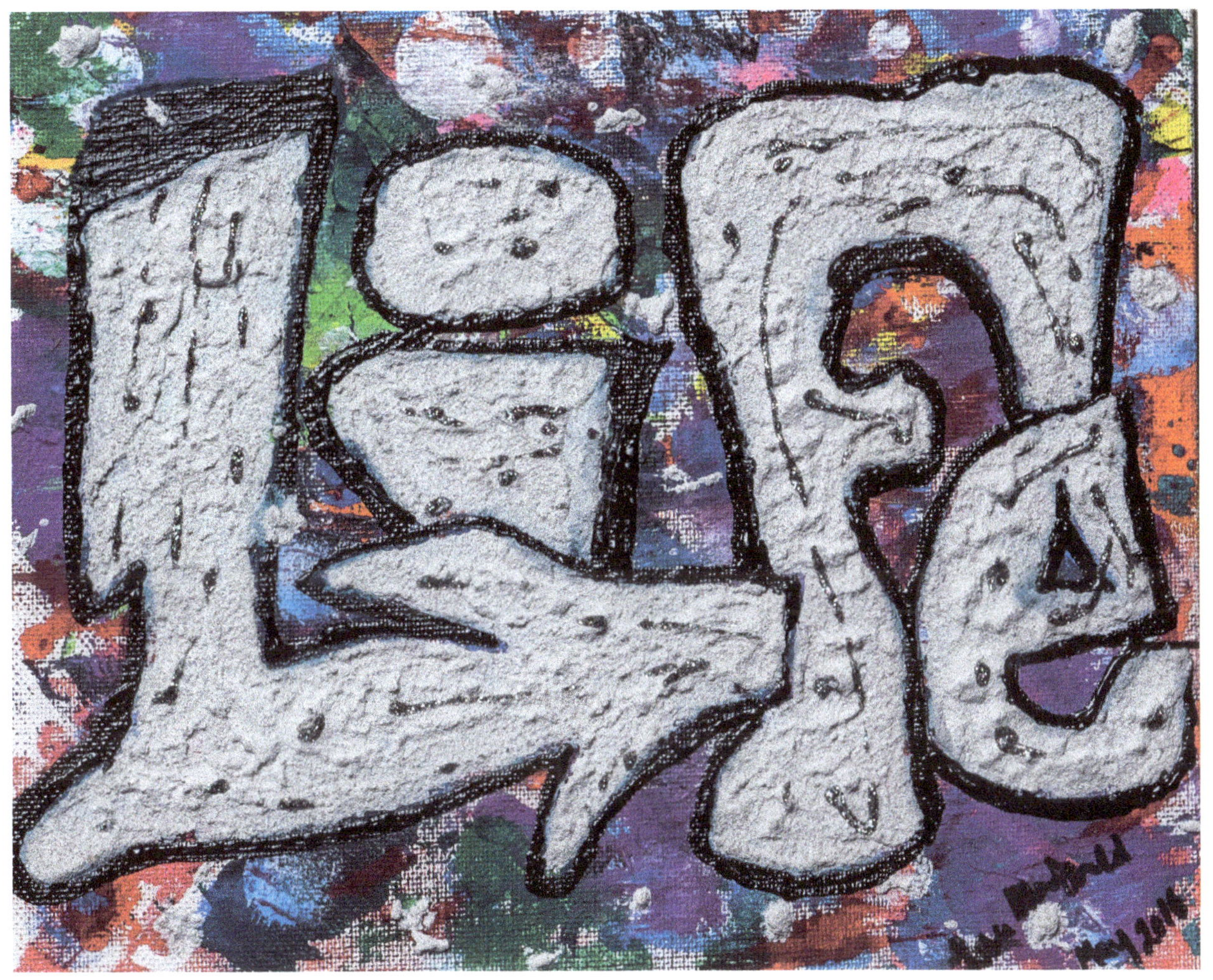

Vida

Mayo 2016

La palabra "vida" es pequeña, pero profunda.

Cuando era más joven, mi vida era más simple, incluso dichosa a veces, dominada por mi gran familia. A medida que crecía, experimenté pérdidas, como amigos que se marchaban, familiares que se mudaban lejos y personas que me importaban que tenían accidentes inesperados e incluso muertes. Fue difícil para mí ver estos terribles eventos de una manera positiva.

A medida que he crecido, mi perspectiva de la vida ha cambiado. La vida no es fácil. Aprendí eso de la manera más difícil al lidiar con la ansiedad. Mientras luchaba, solía pensar, *soy la chica más feliz que existe. ¿Cómo pude sentirme así?* A medida que maduré, comencé a pensar: *"La vida me está enseñando a ser fuerte, sin importar los obstáculos que enfrente".* Le demostré a la vida que no soy débil y que no dejaré que mi ansiedad se interponga en el camino de mis sueños.

En esta pintura, dibujé la palabra "vida" en el grafiti, y utilicé arena y pintura para crear la aspereza y los baches, que simbolizan los altibajos de la vida. Agregué purpurina para indicar el aprendizaje obtenido de los errores o experiencias de aprendizaje. Los colores del fondo reflejan los momentos felices que he tenido con mi familia y amigos que guardaré en mi corazón para siempre. Esos recuerdos felices alivian mi vida porque cada vez que estoy deprimido pienso en los buenos momentos. Esto me ayuda a continuar mi viaje y vivir la vida como debe ser.

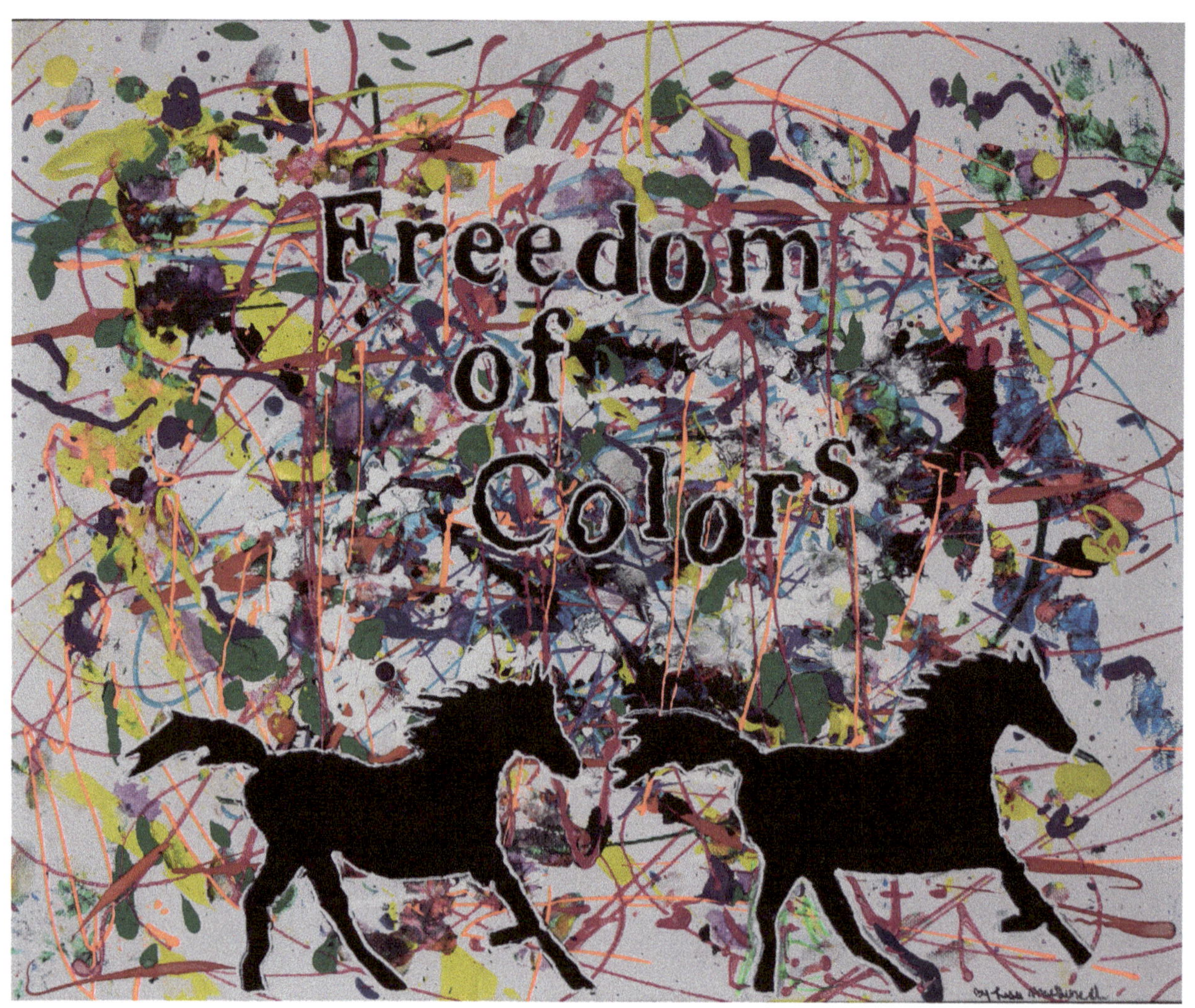

Libertad de Colores

2012

Creé esta pintura sobre el evento que cambió mi vida cuando Zane Landis llegó a mi vida en un momento muy difícil. Veo nuestra relación como una obra de arte, llena de felicidad y amor. Le doy mi corazón y mi alma, al igual que lo hago con mi obra de arte.

Zane me ha mostrado cómo dejar ir toda mi negatividad y comenzar a vivir la vida libremente. Me ayudó a encontrar quién soy y a entender que ser yo misma me hace tan única y adorable. Él me tiende la mano y me lleva por un camino positivo. Desde el momento en que nos conocimos, supe en mi corazón que quería casarme con él.

Trabajamos juntos en esta pintura para describir cómo me siento acerca de nuestra relación. Zane y yo salpicamos la pintura acrílica sobre el lienzo para simbolizar nuestros locos momentos juntos. De hecho, también nos divertimos salpicándonos la pintura unos a otros.

La frase "Libertad de colores" expresa cómo Zane me dio la libertad de mostrar mis verdaderos colores y no avergonzarme de quién soy.

Finalmente, la mejor parte de esta pintura son los dos caballos corriendo. Elegí los caballos porque siempre me gustaron y simbolizan la libertad para mí. Zane es el primer caballo, y yo soy el segundo caballo, simbolizando el impacto que ha tenido en mi vida al mostrarme que está bien ser yo mismo.

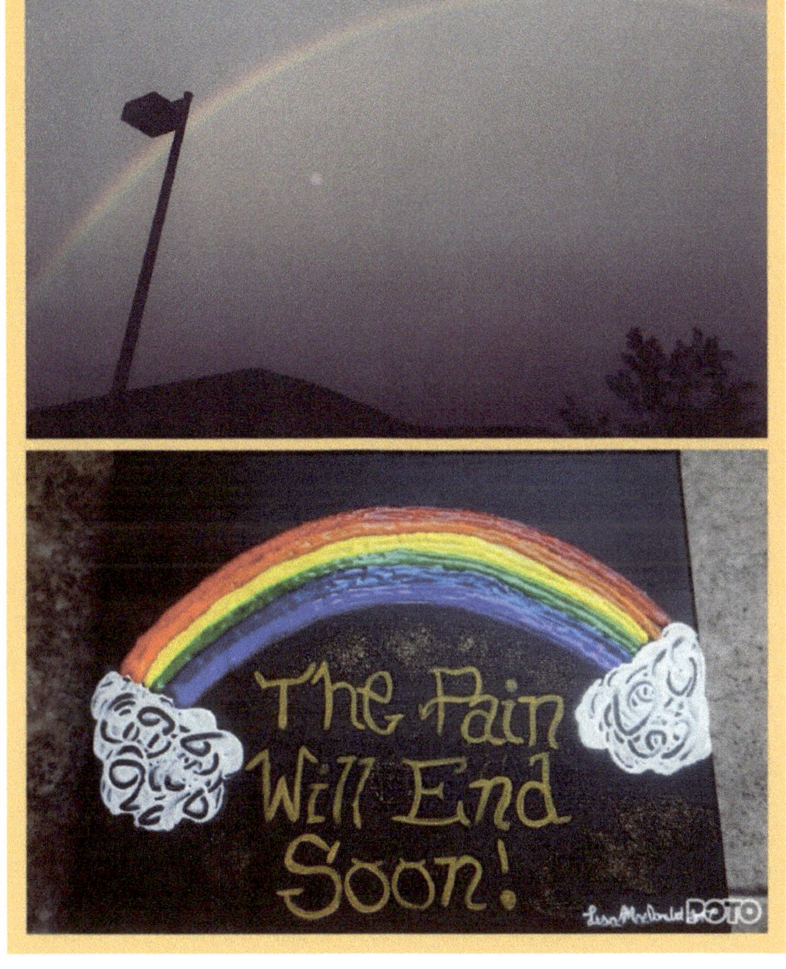

¡El Dolor Terminará Pronto!

Septiembre 2017

Hice esta pintura positiva para mí cuando me estaba recuperando de una cirugía de muelas del juicio. La vida puede ser mental y físicamente dolorosa, y a veces es difícil ver lo que hay al otro lado de nuestro dolor. Cuando tenemos dolor físico, puede ser difícil entender que el dolor terminará pronto.

Cuando me dolía la cirugía de las muelas del juicio, era difícil imaginar sentirme mejor. Solo pude concentrarme en, *Esto es como una verdadera pesadilla*. Apenas podía dormir o comer, y mi boca tenía un sabor muy desagradable. No tuve paciencia con el dolor. De hecho, estaba en un colapso mental.

Para la segunda semana después de mi cirugía, comencé a sentirme un poco mejor. Todo salió bien en mi visita de seguimiento y estaba lista para volver al trabajo. A la mañana siguiente, cuando salí a subir a mi auto para ir a trabajar, vi el arco iris más hermoso que había visto en mi vida. Pensé: *"Eso es una señal". Siento que debo reconocer este momento.*

Ese arco iris me ayudó a entender que necesitamos tormentas eléctricas y lluvia para permitir que un arco iris brille a través de él. Es posible que lidiemos con el dolor durante bastante tiempo, pero si superas el dolor poco a poco cada día y te cuidas, pronto el arco iris brillará para ti.

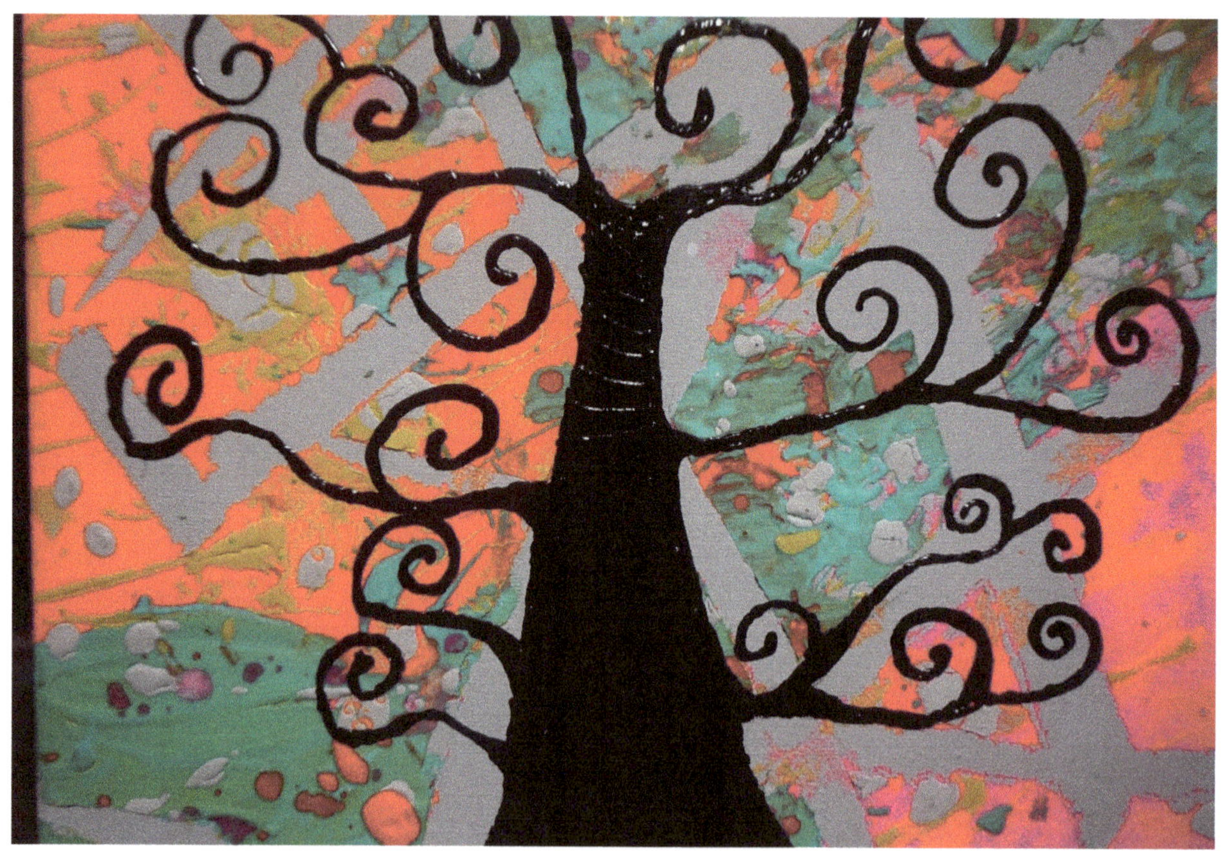

Árbol de Poise

Junio 2013

Salpicar pintura, rasgar con cinta adhesiva y exprimir pintura hinchada: todas esas son cosas que he hecho para dejar salir mi ira. El día que pinté esta pieza, estaba tan enojada que pensé que no iba a quedar bien. Estaba pintando cualquier cosa que saliera de mi mente, cuando de repente di un paso atrás para mirarla y pensé: *Wow, liberé mi ira en una pieza que es bellamente vibrante.*

Hice las líneas de fondo con cinta adhesiva, y escuchar y sentir cómo se rasgaba la cinta me ayudó a liberar mi ira. Eso me hizo sentir bien por dentro. A continuación, salpiqué la pintura de fondo, lo que fue una excelente manera de liberar la presión que sentía. Simplemente lo dejé ir. Hoy, mirar mis colores vibrantes me hizo sonreír tan puramente y me calentó el corazón.

Decidí hacer el árbol oscuro, pero hermoso, porque creo que todos tienen un lado oscuro dentro de ellos. Utilicé pintura negra para el árbol porque en ese momento estaba escuchando música hard rock, lo que me hizo querer crear un look tenso. Pero también hace que el árbol sea lindo al crear los rizos al final de las ramas.

Titulé esta obra "Poise" para describir la gracia y elegancia del árbol.

Soy una persona más feliz y fuerte porque soy capaz de liberar mi ira haciendo arte. Mirar hacia atrás en esta pieza me recuerda que no importa cómo me sienta, puedo hacer una obra maestra.

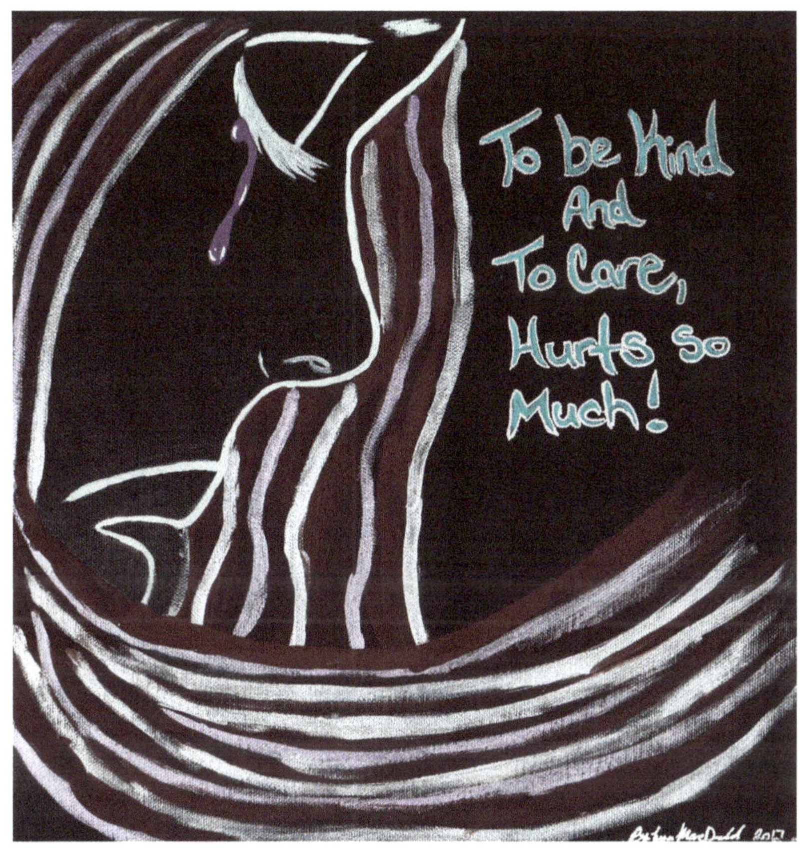

¡Ser Amable y Cuidar Duele Mucho! Lucha Con el Pasado

2017

A medida que crecía, he aprendido por las malas que la gente puede aprovecharse de ti y de tu amabilidad. Por ejemplo, en mi último año de secundaria en 2014, fui acosado por chicas que pensé que eran mis mejores amigas. De repente, empezaron a odiarme y a insultarme. Estaba perdida en la culpa y la confusión porque pensaba que les había dado todo mi cariño y amabilidad. Ese

La experiencia me hizo perder la confianza y la esperanza. Sus palabras bloquearon mi visión positiva de la vida.

Fui cuesta abajo, experimentando ansiedad y luego depresión, seguida de falta de sueño y apetito. Sentí que la vida se acababa para mí y que ya no debía existir.

La medicación no me ayudó, así que me concentré en la consejería. Mi consejero sentado frente a mí, escuchando todo lo que podía expresar, realmente me ayudó. Mi novio, Zane, también me ayudó mucho, recogiendo todas las piezas felices que me faltaban y construyéndome de nuevo.

Un año después, empecé a sentirme yo misma de nuevo; sin embargo, a veces recuerdo todas esas palabras negativas, especialmente por la noche. La noche fue el momento más difícil para mí de superar mi ansiedad. Lloraba y me acurrucaba con mi gato y mis peluches, sintiendo la intensa soledad de mi habitación, sintiendo que la oscuridad se arrastraba por mi cabeza y me asustaba con el pasado.

A medida que los días pasan a los meses y los meses a los años, he ido recuperando mi fuerza mental, mi salud física y mi espíritu feliz. Se siente genial, completo y lleno de vida de nuevo. Siento que ahora puedo asumir cualquier cosa debido a todo lo que he pasado. Hoy en día, pienso en los eventos negativos como experiencias de aprendizaje que me hicieron más fuerte de lo que era antes. Finalmente, aprendí que lo que me hace débil puede hacerme más fuerte. Sé con certeza que soy una *mujer fuerte* e independiente.

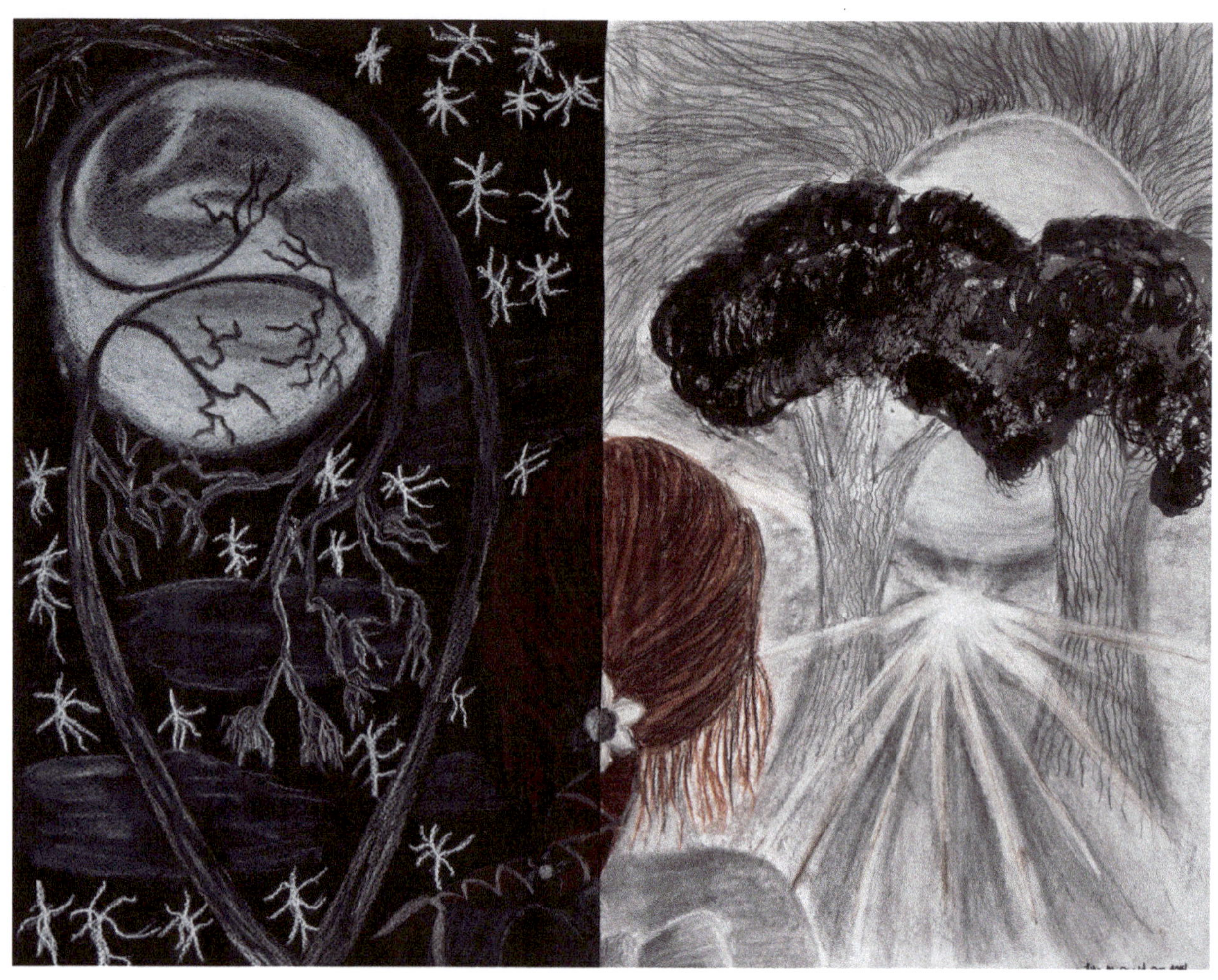

Mi Visión de la Noche y el Día

2015

Esta pieza representa mi visión de la noche y el día. Siempre he tenido dificultades para hacer frente a la oscuridad y el frío de la noche. Veo la noche como algo espeluznante, cuando las ramas de los árboles crean formas espeluznantes que me hacen sentir como si estuviera en una película de miedo. A veces veo las estrellas tan brillantes como la luna, pero otras veces me parecen tan espeluznantes como las ramas de los árboles. Me siento perdido en la oscuridad, incapaz de ver nada. No me gusta ser incapaz de ver a dónde voy. La oscuridad me recuerda a un agujero interminable y oscuro. Una infinidad de dolor.

Me encanta el día porque saca lo mejor de mí, mi verdadero espíritu interior. Durante el día, veo todos los colores de la naturaleza. La luz positiva y el calor del sol energizan mi alma. Cuando hace belleza afuera, quiero pasar tiempo de calidad con el sol, el aire y las plantas.

Siempre he querido viajar a lugares brillantes y llenos de colores, para descubrir cosas nuevas que la Tierra proporciona. También quiero andar en bicicleta o caminar a lugares donde pueda interactuar con la naturaleza y aprender sobre las flores y los animales salvajes. Quiero sentir la brisa fresca contra mi cara y mi cabello fluir a través del viento.

Como veo tanta positividad durante el día, estoy practicando para ver también la belleza y la calma durante la noche. Me estoy enseñando a mí mismo a aceptar la noche y a calmar mi pensamiento excesivo a través de la meditación.

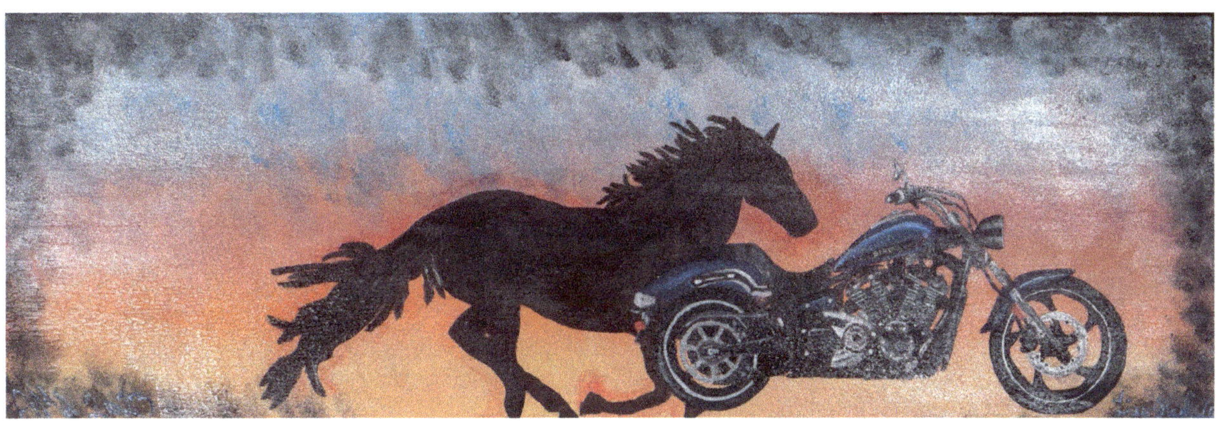

Libertad en Motocicleta

2023

En los días soleados y soleados de verano, a mi papá le encanta andar en su motocicleta Yamaha 2014. Sé lo especial que le hace sentir su moto, especialmente al conducirla.

He estado montando con mi papá desde que era niña. Disfruto haciéndolo con él. Me encanta sentir el viento soplando a través de mi cabello y corriendo a través de mi casco.

Siempre me encanta cuando mi papá encuentra bonitos caminos rurales a través de hermosos valles de Pensilvania. A menudo nos detenemos a un lado de la carretera y nos tomamos un descanso para disfrutar realmente de la vista, para abrazar la belleza y la tranquilidad de la naturaleza que nos rodea. Para mí, es el paraíso, algo que me gustaría abrazar todos los días de mi vida.

Hoy, como adulto, no tengo la oportunidad de viajar con mi papá tanto como quisiera porque estoy ocupado averiguando qué quiero hacer en mi vida y trabajando en mi carrera. Lo extraño y estoy agradecido por los recuerdos de mi infancia. ¡Sé que pronto volveré a subirme a esa motocicleta y la abrazaré aún más que nunca!

Decidí pintar este cuadro porque quería capturar lo que se siente al andar en la motocicleta de mi padre. Cuando conduce rápido, me siento como si estuviera montando un caballo salvaje en una aventura hacia la libertad. Cuando estoy en la motocicleta, me imagino montando a pelo en un caballo mustang en estos caminos rurales. Eso me da mucha felicidad en mi corazón y en mi alma.

Viajar con mi papá me da la oportunidad de revivir mi vida infantil y sentirme libre. Dejo atrás las preocupaciones de ser adulto en este mundo complejo y estoy en este momento con mi papá.

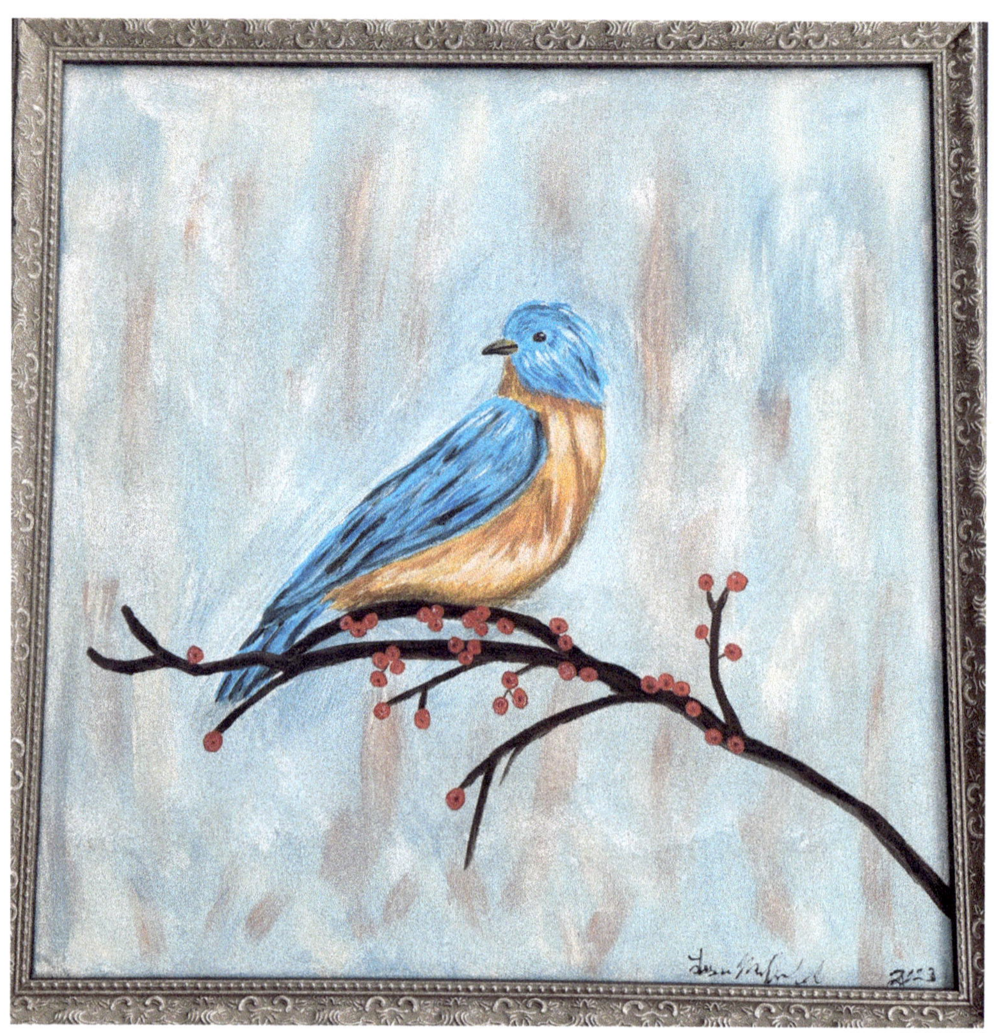

Mi Mamá Como un Pájaro

2023

A mi mamá siempre le han gustado los pájaros. Todas las mañanas, se sienta en la cocina, bebe su café y observa a los pájaros por la ventana. Veo que le da consuelo y amor porque le da una sensación de la libertad que tienen esos pájaros. Para mí, los pájaros simbolizan la independencia y la libertad, cualidades que admiro en mi madre.

Mi madre es una mujer muy trabajadora que hará todo lo que esté a su alcance para asegurarse de que sus hijos tengan una gran vida. Creció en República Dominicana en una zona rural pobre, sin muchas cosas. Cuando se mudó a los Estados Unidos, hablando poco inglés, aprendió que trabajando duro, recibirá las cosas que necesita.

Mi madre es una luchadora, pero no tiene miedo de pedir ayuda cuando la necesita. Va a donde tiene que ir para hacer lo que tiene que hacer. Mi madre es la mujer más amorosa y humilde que jamás hayas conocido. La gente adora a mi madre y le encanta estar cerca de ella. Sus amigos saben que tienen a alguien especial en sus vidas, que nunca debe darse por sentado.

Pinté esta pieza para mi madre porque creo que los pájaros son su animal espiritual. Vuelan libres y van de un lugar a otro para hacer el trabajo. Las aves socializan con otras aves y vuelan en grupo. Cuando las aves tienen crías, se esfuerzan por encontrar comida para alimentarlos.

Pinté el pájaro en azul y beige porque esos son los colores favoritos de mi mamá. Resulta que el pájaro que pinté se parece a un pájaro real llamado pájaro azul oriental. Pinté el pájaro en la parte delantera y central del lienzo para demostrar que después de todo el arduo trabajo que mi madre ha hecho por su familia, merece volar libre, ir de un lugar a otro y abrazarse a sí misma y a su vida.

Mi mamá es una verdadera inspiración. La veo como mi gemela porque nací el día de su cumpleaños, el 6 de abril. Tenemos mentalidades similares y hacemos las mismas cosas. Siempre hablamos de nuestros sueños locos, analizamos sus significados y discutimos cuán fascinantemente se conectan con nuestras vidas de vigilia.

Mi madre también es una oyente increíble. Cada vez que tengo un momento difícil en la vida, ella está ahí para escucharme. Ella lo da todo para ayudar a mis hermanos y a mí a tener la mejor vida que podríamos pedir porque ella no tenía lo que tenemos aquí en Estados Unidos. Ella quiere que sonriamos y sepamos que aquí no hay nada de qué preocuparse, que somos bendecidos y seguros con sus brazos alrededor de nosotros. Cuando llegue el momento de que mi madre deje esta Tierra, sé que habrá un pájaro volando sobre mí que se parece al pájaro de mi pintura.

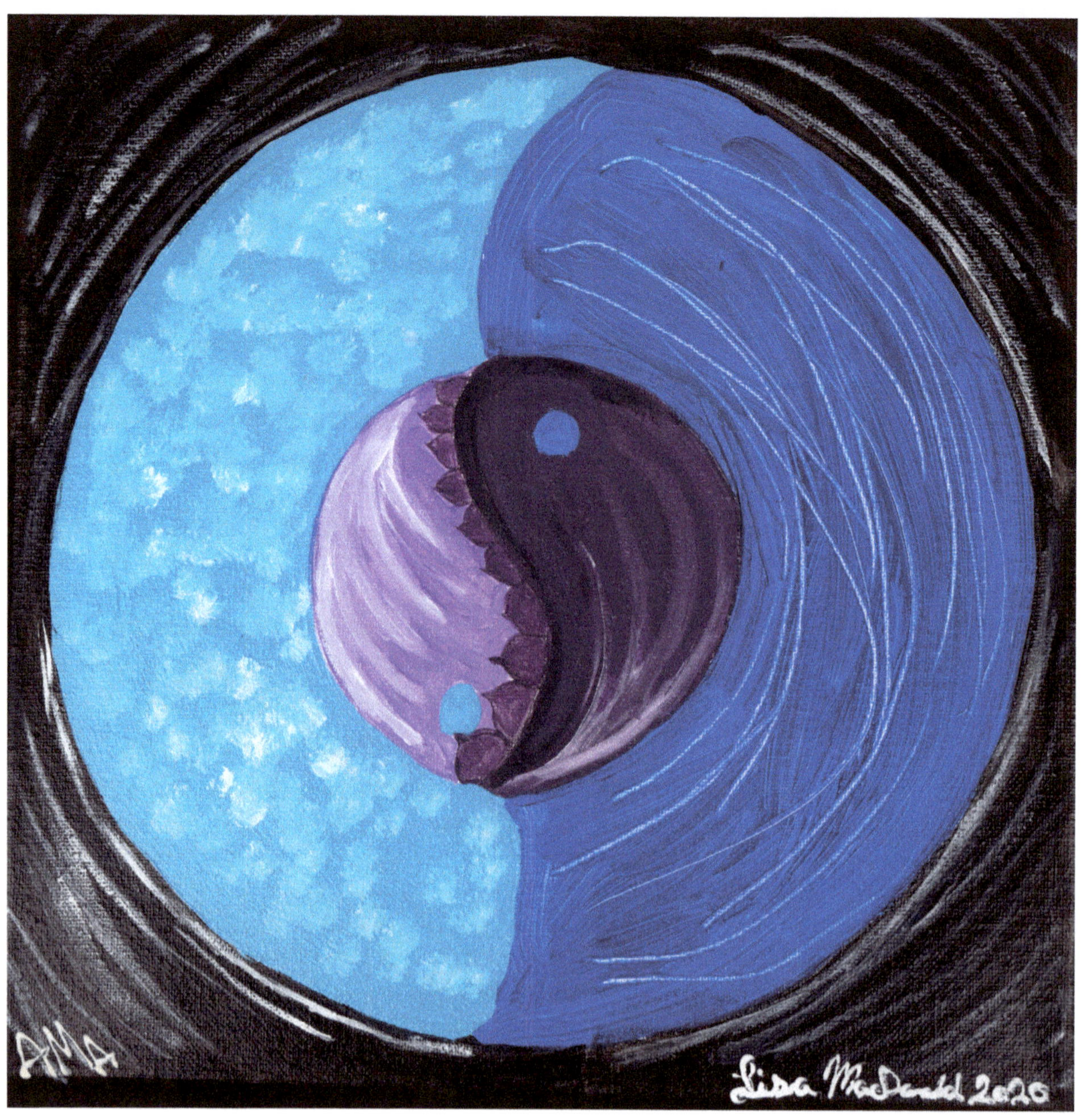
AMA
Lisa MacDonald 2020

Mi Vida Como un Ying-Yang

2020

El Ying-Yang representa la importancia de tener el equilibrio entre lo negativo y lo positivo en la vida. Tener demasiada energía positiva o negativa puede desequilibrar tu vida y a ti mismo. Este desequilibrio de energía puede dificultar la tarea de afrontar los retos. Es importante equilibrar lo positivo y lo negativo para mantener el enfoque y la motivación.

Este Ying-Yang exterior en esta pintura representa los rasgos de personalidad de mis padres. Muestra cómo sus diferentes aspectos me moldearon en la persona que soy hoy. Entonces el Ying-Yang interior se refleja en mi personalidad.

El azul claro alrededor del Ying-Yang representa a mi madre, que es tan positiva, apasionada y amorosa. El azul claro es su color favorito, y también se asemeja a su suavidad y belleza. Ella es paciente conmigo sin importar cuán enojada o triste esté. Ella siempre está ahí para escucharme cuando necesito dejar ir la negatividad. Mi mamá siempre tiene una mentalidad positiva, sin importar lo desafiante que pueda ser la vida. Siempre tiene una sonrisa en su rostro y está dispuesta a ayudar a los demás. Ella trabaja duro para proporcionarme una vida estable y amorosa y me da lo que necesito para vivir mi sueño.

El azul oscuro significa mi padre, que es muy severo y testarudo y no le gusta aceptar excusas. Las marcas de arañazos evocan un sentimiento de cómo es él como padre. Mi papá tiene una mentalidad fuerte y siempre se esfuerza por tener éxito. Es muy trabajador y piensa de forma muy lógica en el trabajo. Fue gerente de planta en una fábrica de procesamiento y pasó a trabajar en una fábrica de pollos. Es muy inteligente para entender cómo es la gente y es inteligente con los números.

Fuera del trabajo duro de mi padre, le gusta estar al aire libre, explorar la naturaleza y, especialmente, correr. Corrió 115 maratones. Tiene un gran sentido del humor y hace chistes divertidos. Puede ser tonto cuando abraza su infancia interior.

Las personalidades de mis padres crearon el equilibrio que necesitaba en mi vida. La lavanda se asemeja a la calidez y el amor que me da mi madre. ¡Mi madre me creó para ser una joven dulce con una mentalidad increíblemente positiva! Ella me enseñó a ser mi propia mujer y a luchar por lo que creo. Ella me enseñó a encontrar mi voz interior y a hablarla en voz alta a través de las palabras y de mi obra de arte. Ella me enseñó la importancia de proporcionar energía positiva a los demás.

El púrpura oscuro significa la fuerza que he obtenido de mi padre, quien me creó para ser de mente fuerte y para demostrarme a mí mismo que soy digno en este mundo loco. Me enseñó a ver el mundo de una manera diferente, a apreciar la naturaleza y a aprender a tomar los momentos difíciles ahora para que me afecten menos en el futuro. Mi padre también me enseñó a tener siempre la guardia alta y a protegerme cuando llegan los peligros.

Observar los diferentes balances positivos y negativos de mis padres me ayuda a comprender la impermanencia de la vida. Me da a entender que la vida nunca va a ser la misma y que tengo que aprender a manejar tanto los buenos como los malos momentos. Observar las personalidades de mis padres me ha convertido en una mujer más sabia.

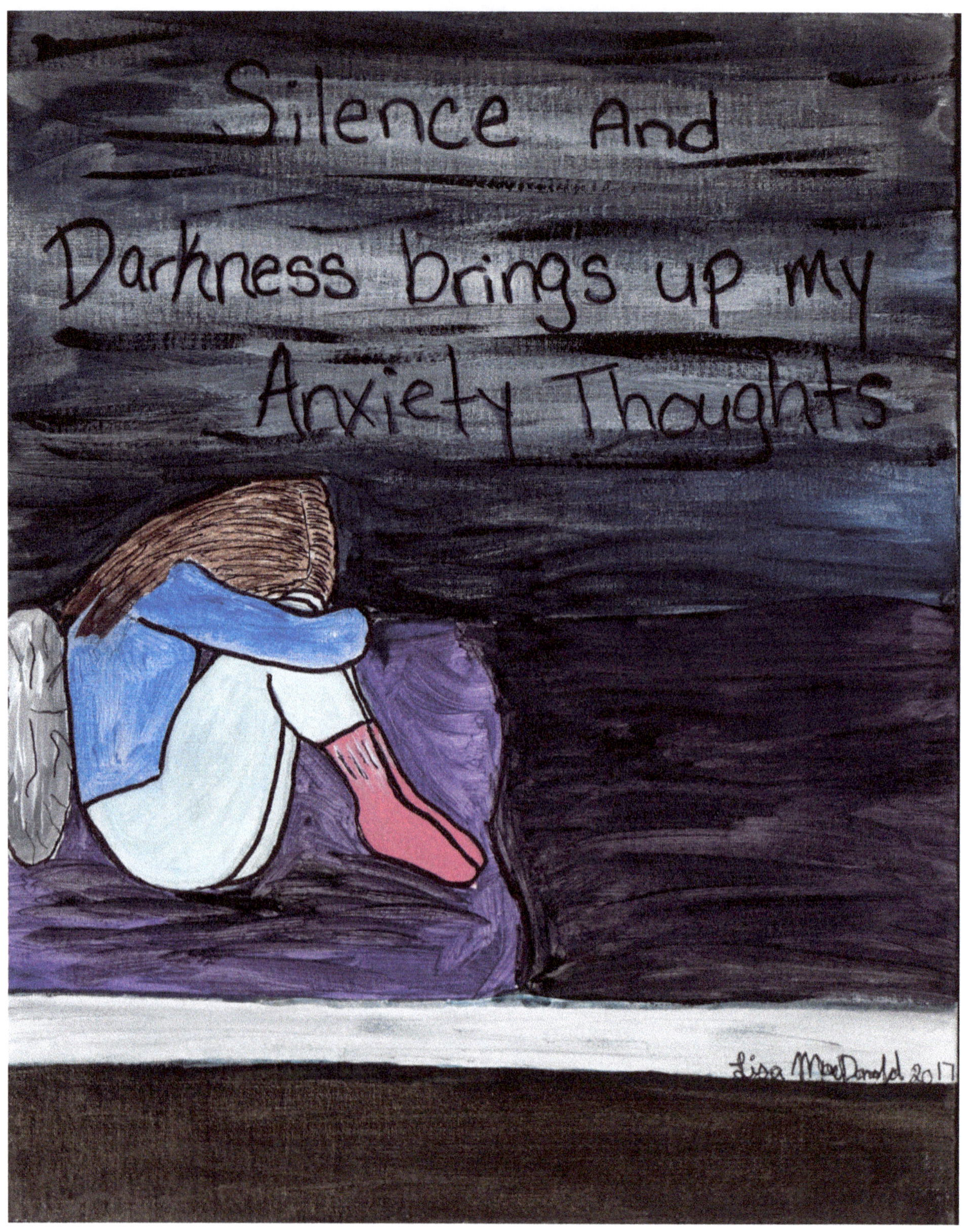
Silence And
Darkness brings up my
Anxiety Thoughts
Lisa MacDonald 2017

Cuando llegaba la hora de ir a la cama, mis pensamientos solían perseguirme y llevarme por un camino oscuro. La energía negativa dentro de mí me puso muy nerviosa. Me dieron ganas de llorar. La oscuridad cubría todas mis obras de arte en mi habitación, y hacía que mi alma se sintiera vacía.

Cuando estaba sola en mi cuarto oscuro, tuve recuerdos de cuando me acosaban y se aprovechaban de mí en la escuela secundaria. También luché para aceptar que mi hermano ya no estaba en casa porque estaba sirviendo en la Infantería de Marina. Me sentía desesperada, como si no pudiera controlar mi mente. Todo lo que vi es oscuridad.

Me resultaba difícil dormir con todos estos pensamientos locos en mi mente, tratando de hacer frente a todos los problemas que había tenido en mi pasado. La gente me veía como una persona feliz y positiva durante el día, pero por la noche, antes de irme a dormir, derramaba lágrimas cuando mis pensamientos negativos se apoderaban de mi mente:

¿Soy suficiente para este mundo?

¿Soy capaz de vencer mis batallas?

Por la mañana, cuando me levantaba de la cama y miraba hacia afuera, el sol me daba la energía que necesitaba. Sentía que estaba viviendo dos lados de mí misma: uno era positivo y el otro era negativo. Las noches siempre fueron difíciles para mí, pero no importaba cuán negativas se volvieran mis noches, siempre obtuve la luz positiva en mis días.

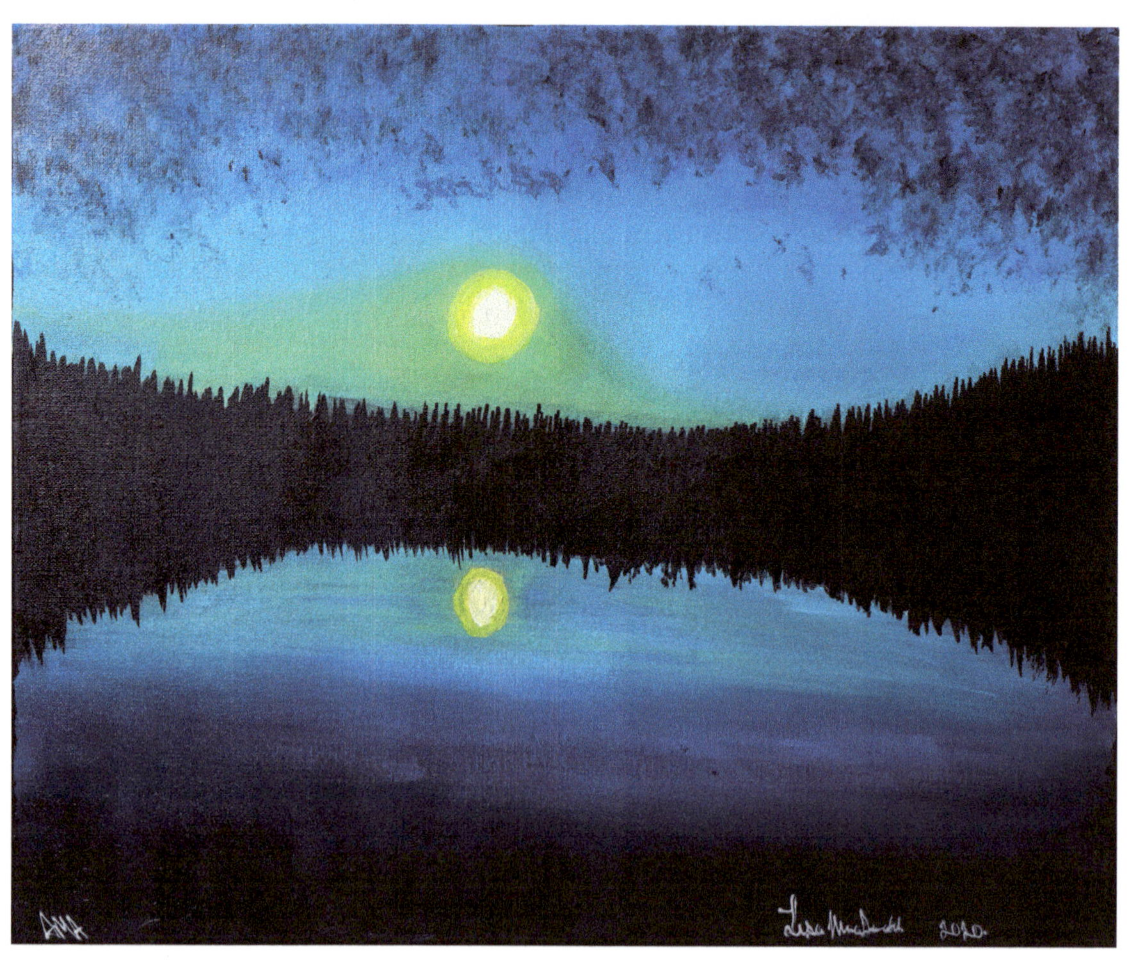

Sombras de Luz de Luna

2020

La noche me da miedo. Cuando llega la hora de irme a la cama, mi mente comienza a acelerarse. Pienso, *¿Cómo voy a dormir con tanto ruido en la cabeza?*

Cuando creé esta pintura, me había estado entrenando para no temer a la oscuridad, sino más bien para ver la belleza en ella. Cuando terminé esta pintura, sentí que el cielo nocturno tiene una luna tranquila y brillante, que trae calor y quietud a todo mi cuerpo. Me enseña a permanecer dentro del momento y a tomar un descanso del día intenso y lleno de energía. También siento lo hermoso que es estar quieto y cómo la noche me enseña a trabajar con mi mente y a relajarme.

La noche me recuerda que debo reducir la velocidad y reflexionar profundamente sobre mi día. Me pregunto: *¿Qué logré hoy? ¿De qué estoy más orgulloso? ¿Por qué estoy agradecido?* Sonrío, sabiendo que estoy motivado y soy capaz de hacer que las cosas sucedan en mi vida.

Mirar esta pintura trae paz a mi noche oscura y me hace saber que hay belleza en cada noche.

"A menudo pienso que la noche es más viva y más ricamente coloreada que el día» —Vincent Van Gogh.

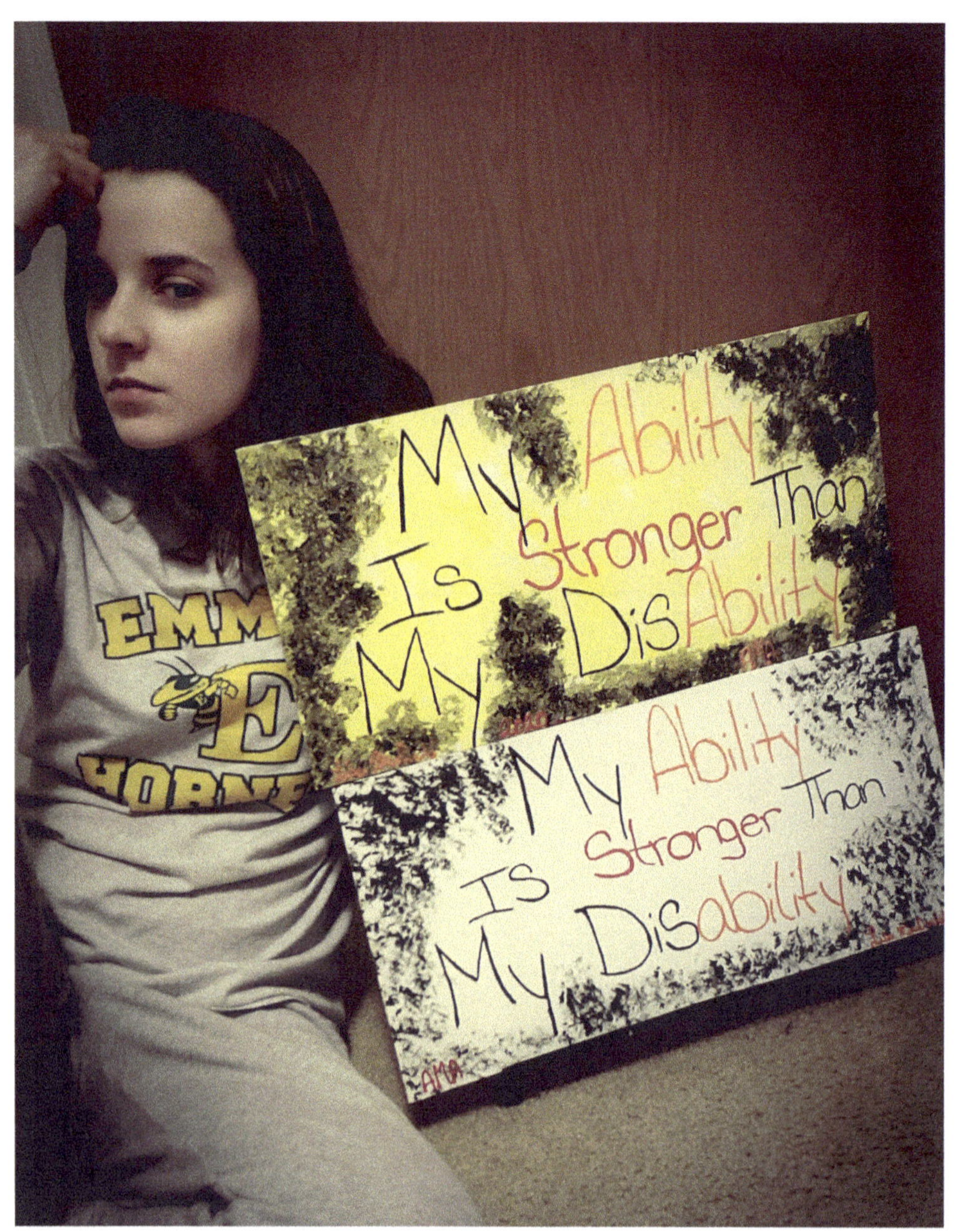
My Ability
Is Stronger Than
My DisAbility
My Ability
Is Stronger Than
My Disability

Mi Cita de Discapacidad para Usted

2020

Durante mis doce años de escuela, luché tanto con mi discapacidad de aprendizaje que tuve que tomar clases de inglés como segundo idioma (ESL) y terapia del habla.

Defino la discapacidad de aprendizaje como algo que hace que una persona tenga dificultades con un tema en particular, de modo que le lleve más tiempo procesar y comprender material complejo.

Siempre he tenido problemas con las matemáticas, la escritura y la comprensión lectora. Cuando estaba en el jardín de infantes, hablaba spanglish y mezclé tanto mi vocabulario que tuve que repetir el jardín de infantes. Una vez, otro estudiante dijo: "Habla inglés o regresa a tu país". En la escuela secundaria, los estudiantes se burlaban de mí e ignoraban mis ideas porque a veces me equivocaba en mis palabras. Cuando llegué a la universidad, sentí como una respuesta a una oración. Finalmente, tuve la oportunidad de expresar mis ideas a través de clubes, organicé mi primer taller e incluso colgué mis pinturas en Lehigh Carbon Community College, Cedar Crest College y otros lugares públicos. Finalmente me sentí como un

artista, habiendo logrado mis sueños de infancia.

Nunca dejé que mi discapacidad se apoderara de mí. Me esfuerzo por seguir adelante. Nunca renunciaré a hacer realidad mis sueños.

Como adulta, después de haber trabajado en muchos tipos diferentes de arte y haber hecho mucha mediación, sé mucho sobre mí misma y de lo que soy capaz. Ahora veo mi discapacidad de aprendizaje como un regalo, en lugar de una maldición. Mi discapacidad me dio una perspectiva de la vida diferente a la que tiene la mayoría de la gente. Aprecio a la gente que me rodea. No juzgo a otras personas y soy muy paciente con los demás.

La realidad es que todo el mundo tiene algún tipo de discapacidad. ¿Estás dispuesto a convertirlo en tu fuerte?

He aprendido que somos simplemente humanos. Estamos hechos de manera diferente, por la forma en que procesamos las cosas, cómo hacemos las cosas y cómo vivimos nuestras vidas. En lugar de juzgar a otra persona, escucha su historia. Trata de ponerte en su lugar. Eso te dará una perspectiva totalmente diferente de lo diferentes que somos. Todos estamos destinados a trabajar juntos y aceptar las diferencias e imperfecciones de todos.

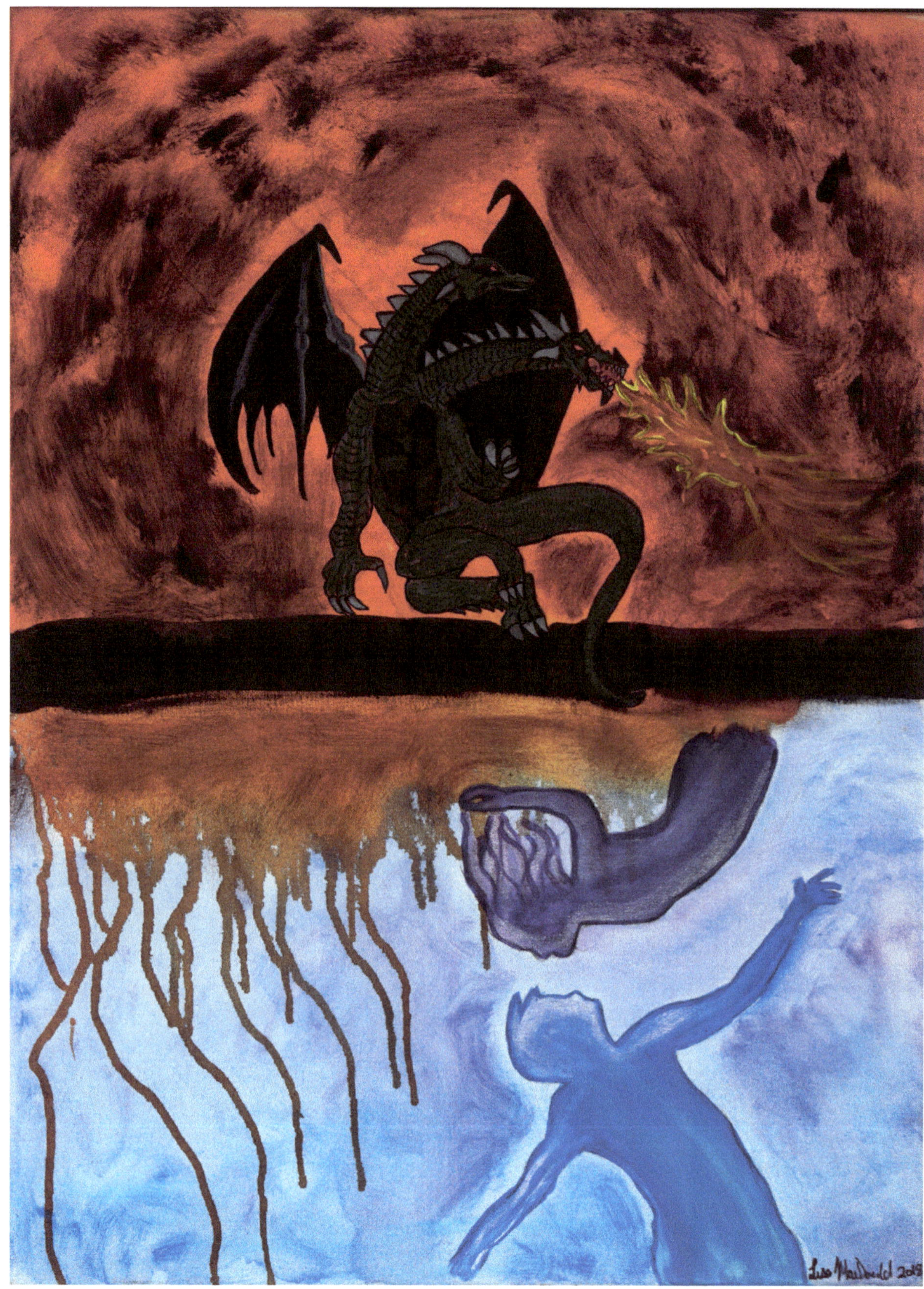

Sueño del Fin del Mundo

2018

Creé esta pintura para capturar de manera abstracta lo que sucedió en un sueño, para dar vida a mi sueño en una hermosa obra de arte.

Una noche, soñé que el mundo se acababa y que yo era la única persona viva en la Tierra. El mundo estaba ardiendo después de ser incendiado por los dragones de dos cabezas. En mi sueño, viendo lo que estaba sucediendo aquí en la Tierra, decidí ahogarme en el océano. Una vez que bajé al océano profundo y oscuro, solo vi oscuridad. Podía sentir que me quedaba sin aliento y quería morir.

De repente, una figura de luz brillante se acercó a mí, con sus manos estiradas hacia las mías. No sabía qué hacer, pero le tomé la mano. El hombre me llevó cada vez más profundo en el océano.

Más tarde, sentí que podía respirar y vi un lugar mágico y hermoso en las profundidades del océano. Era como otra parte del mundo, llena de felicidad y colores relajantes. En mi sueño, me di cuenta de que el hombre que me tomó de las manos era mi novio, Zane.

Mi sueño me mostró que Zane me había dado una vida completamente nueva para vivir y una perspectiva completamente nueva de nuestro mundo. El sueño me mostró que no importa lo difícil que pueda ser la vida, si nos tenemos el uno al otro, podemos superar cualquier cosa. Estamos hechos para ser fuertes y mantener esta relación sin importar lo que suceda.

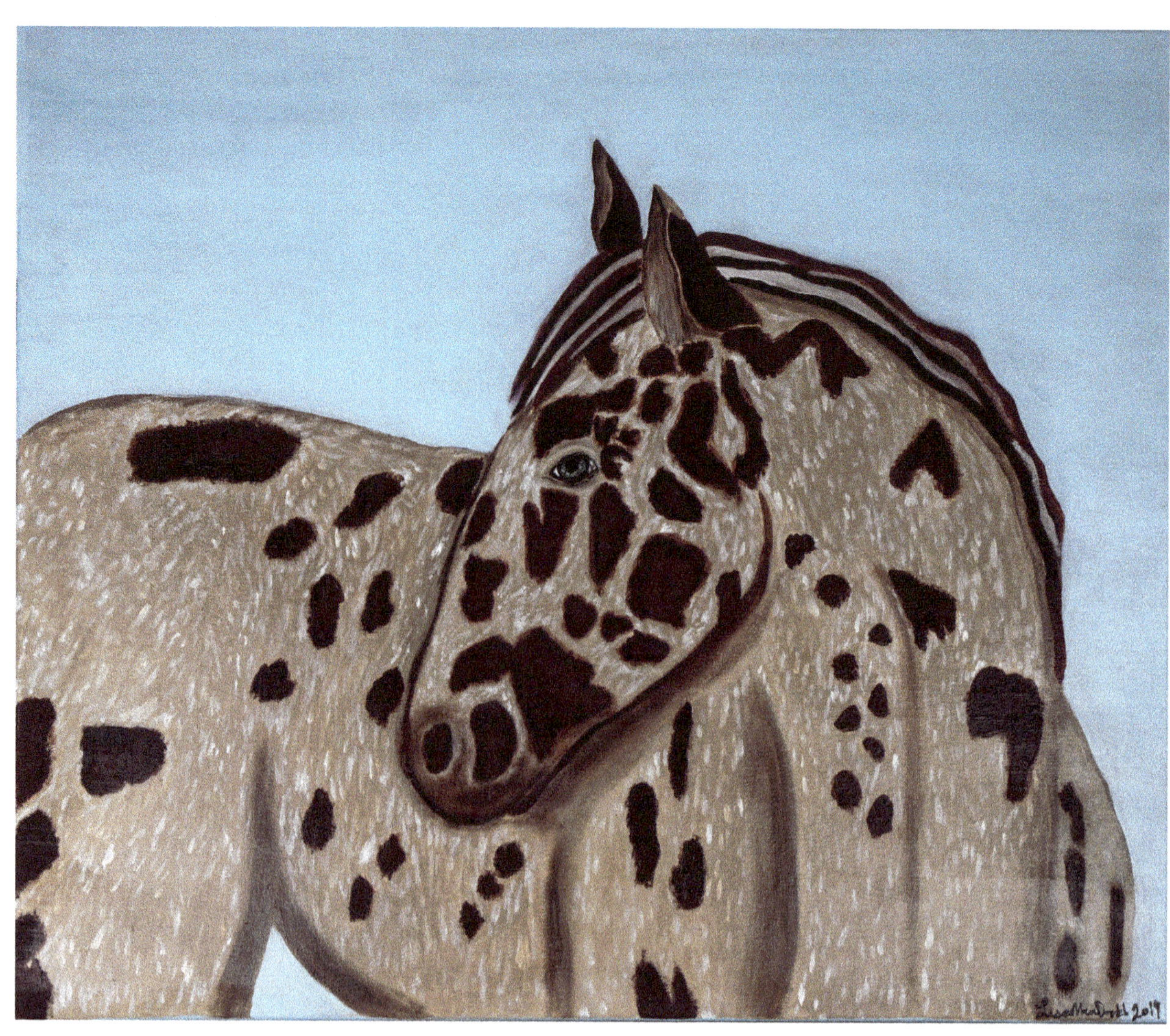

Desde que estaba en sexto grado en 2008, siempre quise verme a mí mismo como un caballo. Nunca me he visto como una chica típica; Siempre hubiera preferido ser un caballo. Siempre quise sentirme libre como un caballo y

Corre a través de hermosas tierras de la naturaleza. Nunca sentí que pertenecía a este mundo humano. Decidí que sería un Appaloosa porque son tan imperfectamente hermosos, cubiertos de manchas únicas.

Para esta pintura, agregué marrón para las manchas y marrón con reflejos en la melena porque se parece a mi cabello. ¡También le di al caballo ojos verde avellana como los míos para que realmente se sintiera como yo como ese caballo Appaloosa!

Ver el producto terminado me emocionó mucho porque he estado queriendo hacer esto desde 2008. Completar esta pintura me motivó a buscar un caballo Appaloosa. Encontré un poni Appaloosa en un granero en 2020 en Quakertown, Pensilvania. Este pony Appaloosa se parecía a mi

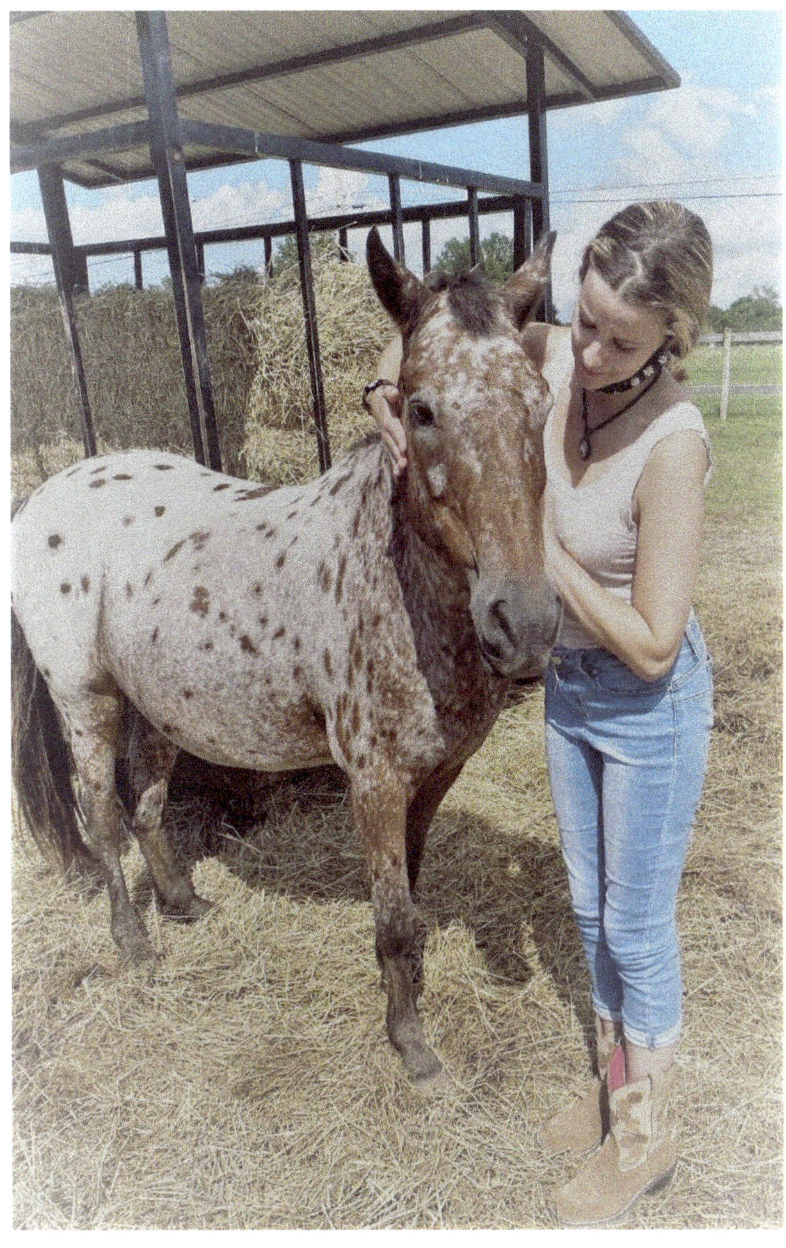

pintura, y estaba llorando cuando tuve la oportunidad de conocerlo él. No podía montarlo porque era un pony, pero abrazarlo y acariciarlo me hizo sentir como me imaginé que lo haría en sexto grado. Ese poni me dio mucha esperanza para mi futuro y me hizo sentir que puedo hacer cualquier cosa.

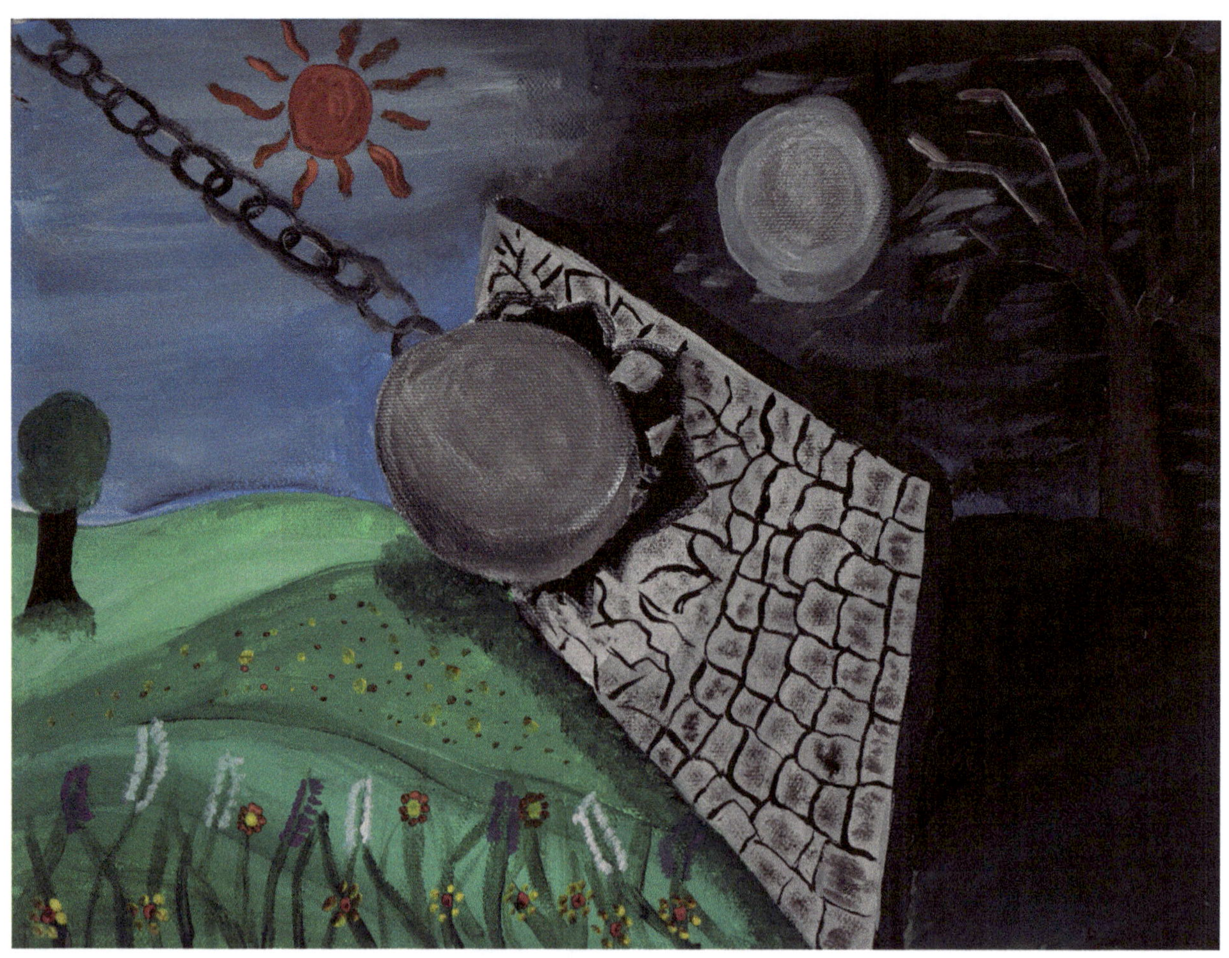

Lucha Con el Pasado

2018

Después de ser acosado en la escuela secundaria, todavía me persigue en mi vida cotidiana. Trato de mantenerme positivo y hacer cosas que me hagan feliz, pero cuando dejo de hacer esas cosas, mis malos recuerdos regresan, me aferro al pasado y me lo arrojo a la cara. Doy dos pasos hacia adelante, luego cuatro pasos hacia atrás.

Puedo ser duro conmigo mismo, diciéndome a mí mismo: *Tienes que seguir adelante con esto. No puedes aferrarte a esto por el resto de tu vida o será un desperdicio de tu vida.*

Decidí tomarme el tiempo para ser mi propia terapeuta. Pinté esta pieza para sentir dónde estoy en mi vida. Por fuera, mi vida parece genial y parece que voy en la dirección correcta hacia mi futuro. Tengo una visión clara de lo que quiero que sea mi futuro.

Pero me cuesta mucho mirar hacia el futuro porque pienso constantemente en el pasado. Pero cuando el pasado me persigue, me detengo y miro fijamente una pared o mi teléfono. En esta pintura, el pasado inquietante está representado por el muro entre mi presente y mi futuro.

Sé que tengo que hacer un cambio, que se muestra aquí como la bola de demolición, destruyendo mi mentalidad pasada para poder avanzar hacia mi futuro.

Esta pintura me da un recordatorio especial cada vez que entro en ese pensamiento de mentalidad pasada. Me recuerda ser esa bola de demolición, rompiendo esa pared del pasado. Estaré eternamente agradecida por esta pieza y por lo mucho que me ayuda a vivir plenamente mi vida.

Mi Gato Carmel

2019

Al crecer, siempre tuve gatos y disfruté de su compañía. Los gatos siempre son muy reconfortantes y me enseñan mucho sobre la vida.

En primer lugar, los gatos me han enseñado a vivir la vida a un ritmo tranquilo, lleno de relajación y positividad.

Los gatos son excelentes recordatorios para tomar un descanso y relajarse.

De todos los gatos que tuve mientras crecía, Carmel era único. Siempre tuve gatos negros o blancos y negros, nunca de un color como Carmel. Mi hermano William y yo recogimos a Carmel en 2008 en casa de la amiga de mi madre. Al principio, no sabíamos cómo llamarlo porque no podíamos decir el género. Cuando nos enteramos del sexo, mi papá decidió llamarlo Carmel.

Carmel era un gatito muy gracioso y especial. Siempre quería que lo viera comer y que me asegurara de que yo también comiera. No me gustaba mucho cocinar, pero cuando me maulló tan fuerte, me vi obligada a estar en la cocina para alimentarlo, así que también podría prepararme algo de comer. Me encantaba ver a Carmel cuando se ponía de mal humor y corría por el suelo de la cocina y corría por el pasillo hacia mi habitación. Mi habitación siempre fue la habitación en la que él entraba. Era como si fuera su dueño. Siempre dormía conmigo y siempre le encantaba estar muy cerca de mí, lo que me alegraba el corazón.

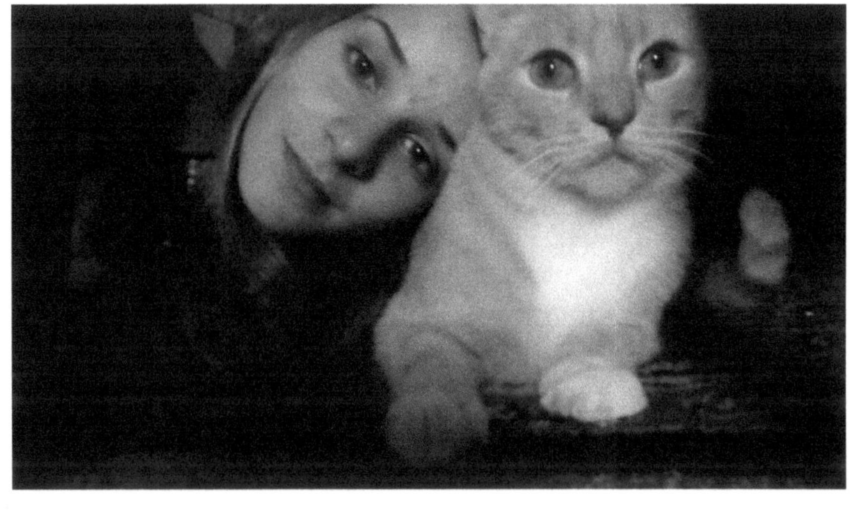

Cuando William se fue a servir a nuestro país en 2012 y en 2014 cuando fui acosada, sufrí mucho de soledad y depresión. Carmel lo intuyó. Sabía que yo no era yo misma. Me costó mucho conciliar el sueño, así que Carmel durmió justo al lado de mi cabeza y ronroneó para ayudarme a relajarme. Mi médico me recetó medicamentos para ayudar con la ansiedad y la depresión, pero me hizo sentir peor. Carmel se dio cuenta tanto que estaba a mi lado dondequiera que iba, como si me estuviera diciendo que no me diera por vencida. Era un gato muy inteligente, que podía entender la energía negativa que tenía en mi vida. Él me ayudaba en las noches, y me daba la luz en los días.

A medida que pasaban los años y Carmel crecía, noté muchos problemas con él. Me aterrorizaba. No sabía qué hacer para ayudarlo. Tuvo una reacción alérgica a las pulgas, luego vinieron las alergias alimentarias. Seguía empeorando cada día. Después de muchas visitas a varios veterinarios, nos enteramos de que tenía una infección pancreática. Pero aún así se enfermaba más y más. Cada día, era un nuevo reto para él y para mí, pero no podía renunciar a él porque él nunca se dio por vencido conmigo.

En 2019, vi señales de que Carmel quería ir. Se sentó en mi regazo un par de veces y ronroneó mucho. Me decía que era hora de que estuviera en paz. No quería dejarlo ir, pero en el fondo sabía que era correcto que se fuera.

El 22 de abril de 2019 fue el día en que decidí ponerlo a dormir y estar en el cielo. Nadie quería ir conmigo a la clínica de gatos, así que levanté la barbilla, miré al cielo y llevé a Carmel conmigo al coche. No pude contener las lágrimas. Simplemente dejé ir todo y sostuve la pata de Carmel mientras conducía a la clínica de gatos. Cuando llegamos, la recepcionista nos llevó a una habitación tranquila y me dijo los pasos que harían por él.

El momento de la muerte de Carmel fue traumático para mí porque nunca supe cómo manejar la muerte, especialmente frente a mis ojos. Era una locura para mí estar en una habitación donde un segundo Carmel estaba vivo, y al siguiente, moría justo en mis brazos. Estaba devastada al saber que mi bebé se había ido para siempre.

Esta pintura del Carmelo fue la pintura más difícil que he hecho, tanto mental como físicamente. Había empezado a pintarlo un par de meses antes de que muriera, y me prometí a mí mismo que lo terminaría antes de finales de 2019. Me esforcé trabajando en cada detalle de esta pintura. Muchas veces el pelaje no se veía como yo quería.

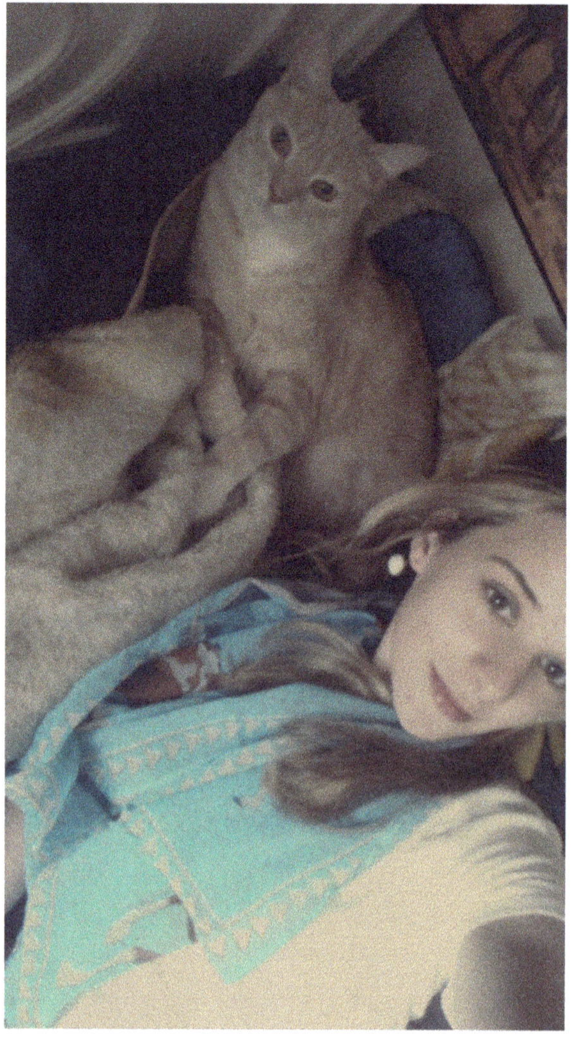

Sin embargo, empecé a notar que se suponía que debía ser así porque el gato era imperfecto y estaba pasando por un momento muy difícil. Quería abrazar las imperfecciones que tenía después de las batallas que había librado en su vida. Seguía siendo un gato hermoso y encantador.

Cuando terminé la pintura, me sentí aliviada, sabiendo que Carmel está bien. Él siempre estará en mi corazón. Lo pinté muy bien porque Carmel me enseñó mucho sobre la vida. Me enseñó que tengo que ser más fuerte cuando me siento más débil. Incluso cuando sentía dolor, seguía ronroneando y frotándose contra mí como si no le molestara. Todos los días, miro esta pintura que cuelga en mi habitación, me recuerda que debo ser más fuerte cuando me siento más débil.

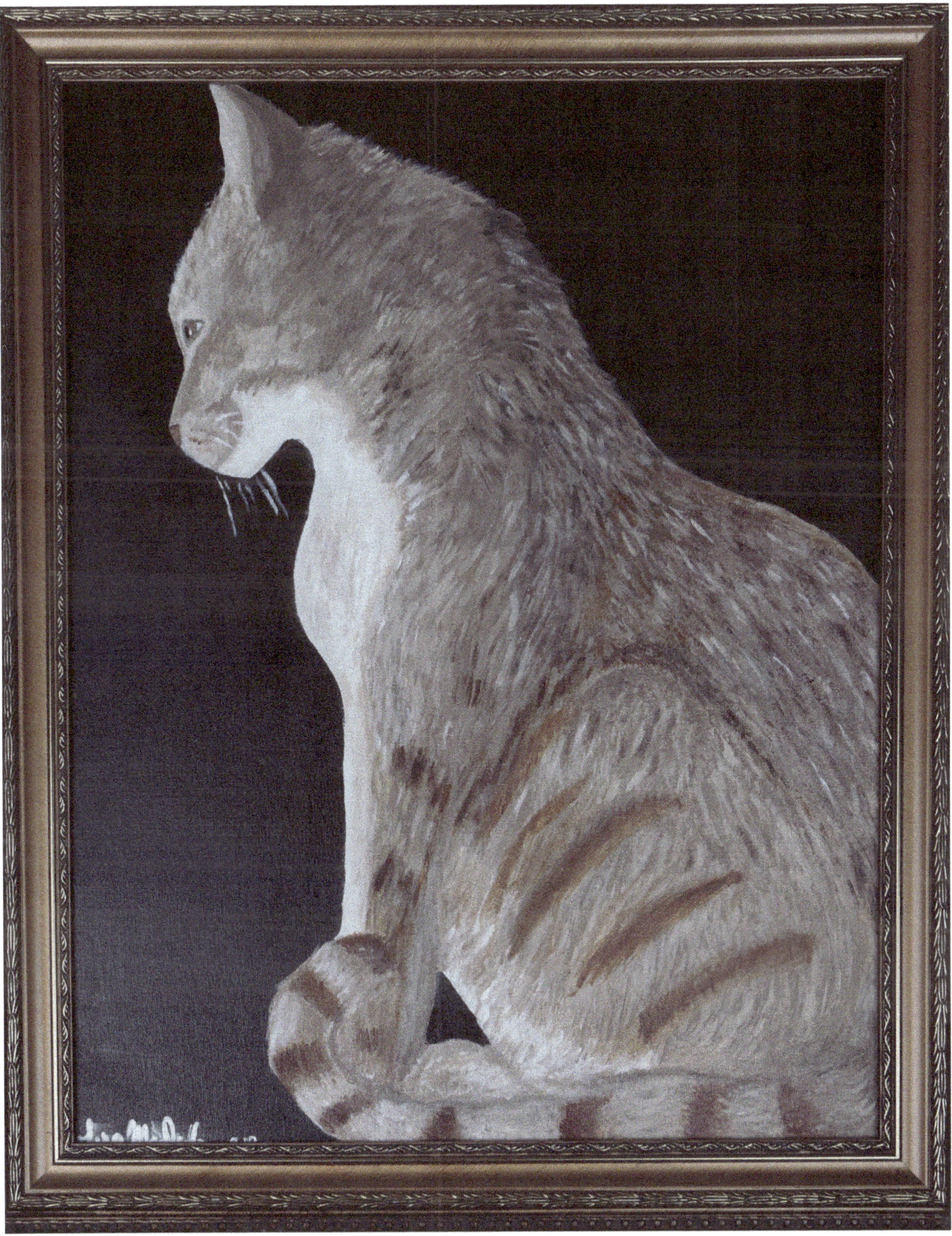

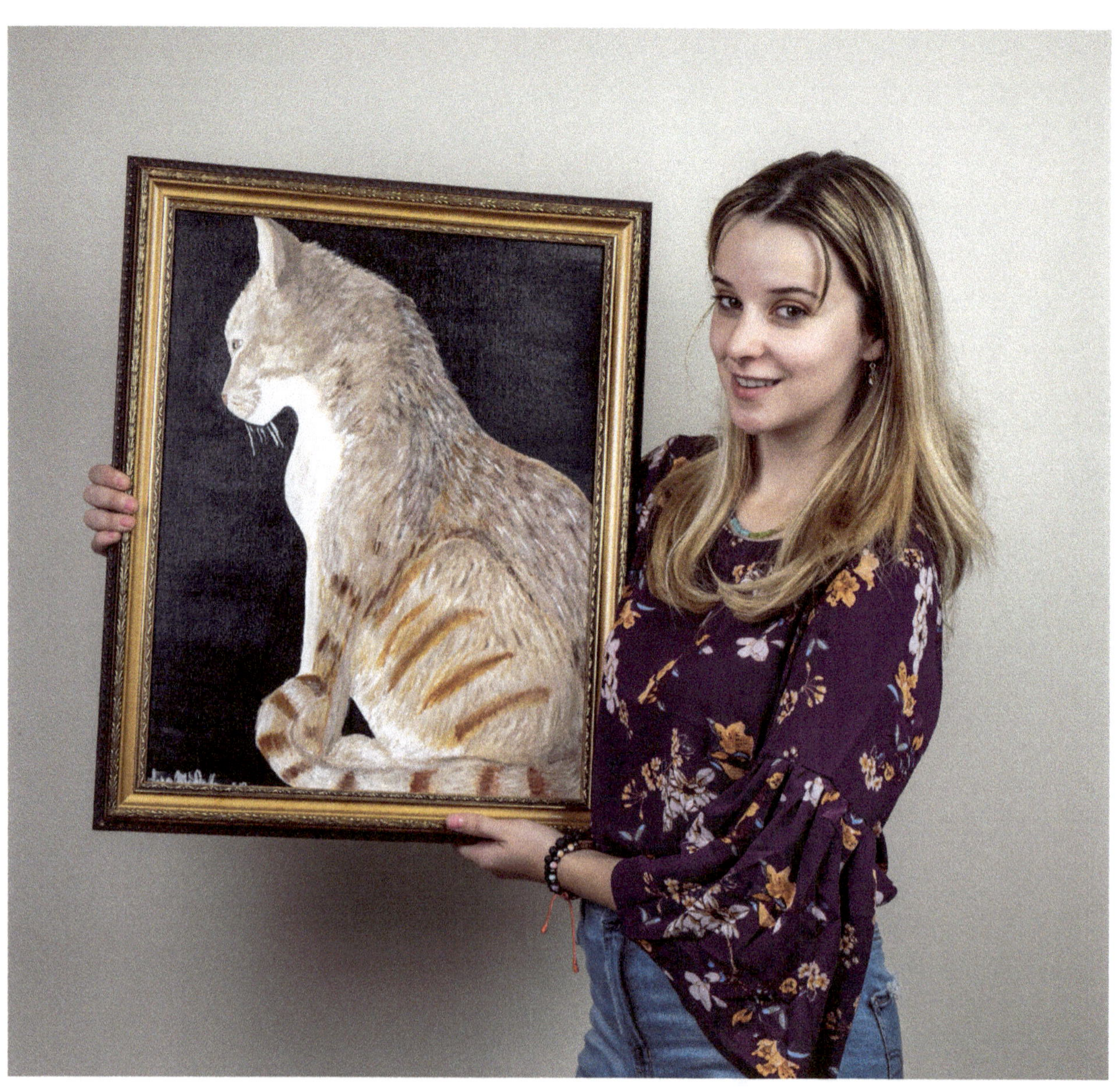

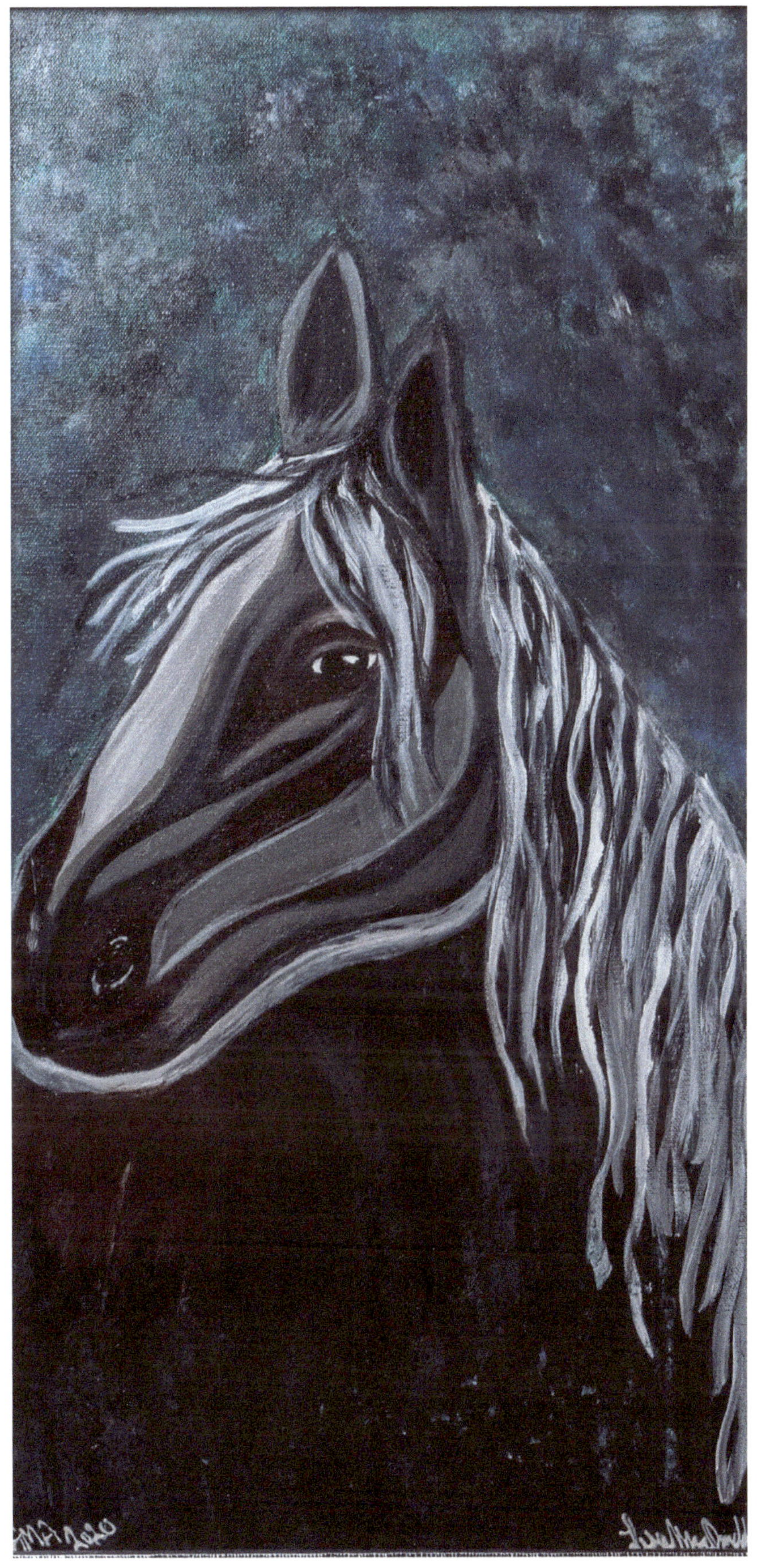

Creo que esta es una de las pinturas más poderosas que he creado. Sabía que quería pintar un caballo, pero no sabía cómo quería que resultara. Decidí dejarme llevar por la corriente en el proceso de pintar.

Escuché mucho mis instintos porque hacerlo me ayuda a mantenerme fiel a lo que realmente quiero. Mientras pintaba, me alejé de la creación de un caballo típico y realista a un caballo más parecido a la fantasía. Me gusta el aspecto abstracto de este caballo, que parece que podría salir de esta pintura y convertirse en un caballo de la vida real.

Mientras trabajaba en esta pintura, también estaba trabajando en complicaciones en mi vida personal. Me di cuenta de que esta pintura de caballos se estaba volviendo cada vez más oscura, y le agregué elementos interesantes. Agregué gris alrededor de la cara del caballo e hice la crin negra y gris con reflejos blancos. También agregué blanco alrededor de la cara porque pensé que la crin y el contorno de la cara hacían que el caballo resaltara y brillara en la oscuridad.

Cuando terminé la pintura, di un paso atrás para ver cómo se veía. Enseguida sentí la fuerza de esta pintura. Sentí que el gris alrededor de la cara parecía metal y representaba protección, como una armadura. Además, pinté cicatrices que se convierten en metal para simbolizar cómo he superado mis batallas más duras y ahora soy más fuerte, más sabia y más capaz de vencer cualquier nuevo desafío de la vida que se me presente.

Llamé a esta pintura *Caballo guerrero* porque cuando miro a este caballo, siento que soy una guerrera, que puedo ser fuerte y que soy una mujer independiente. Cuando tengo un mal día, miro este cuadro y me siento más tranquilo. Esta pintura me recuerda que debo ser fuerte y que la tormenta terminará pronto si mantengo la cabeza erguida, la mente recta y el enfoque hacia adelante.

Decidí hacer una sesión de fotos conmigo luciendo como una guerrera al lado de esta pintura también, hecha en Steel Stacks en Bethlehem. Quería mostrarle al mundo que Yes! 2020 es un año loco con la pandemia de Covid-19, pero estoy aquí para ser un guerrero, para tomar una posición y para ser mental y físicamente fuerte.

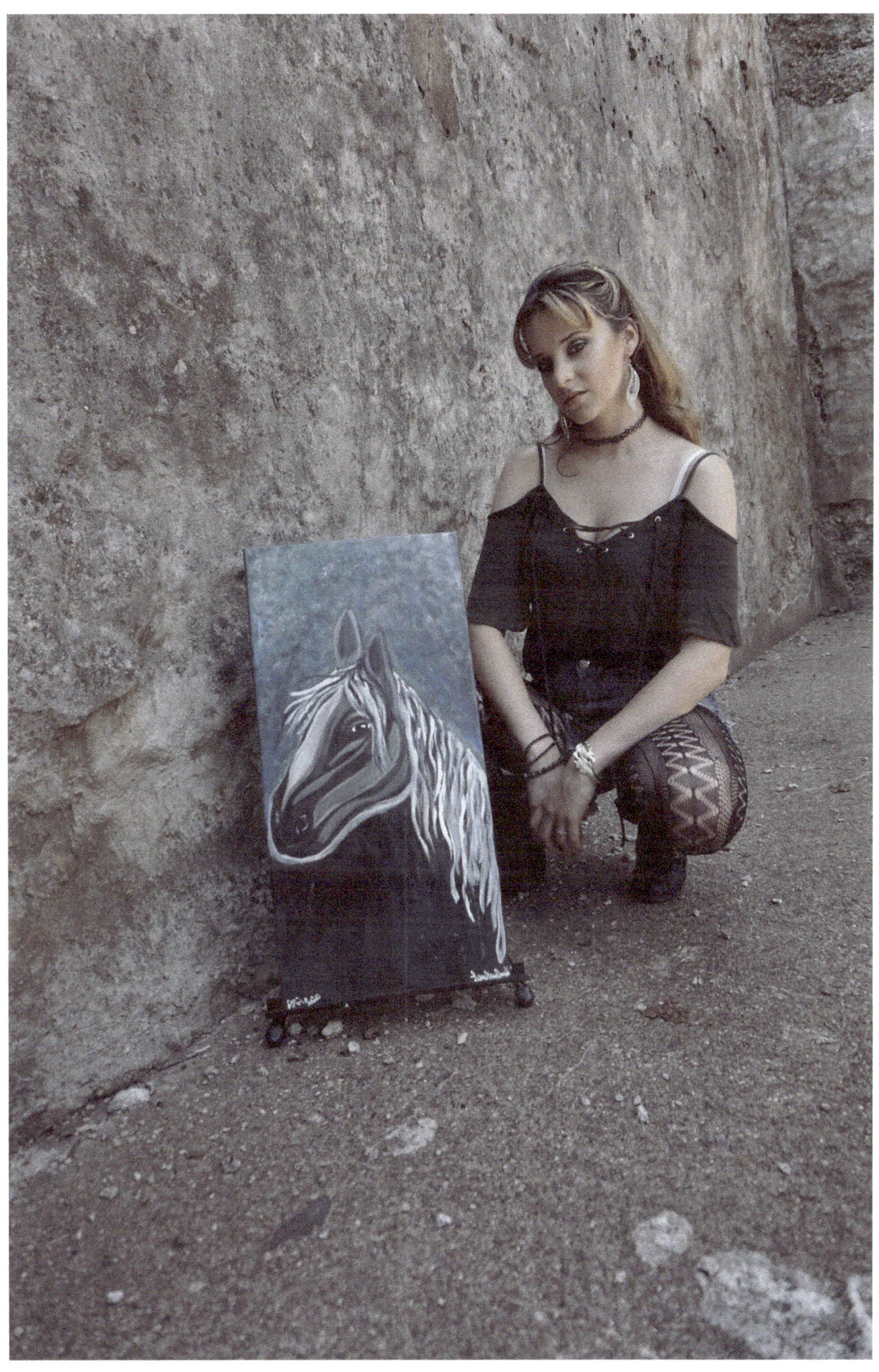

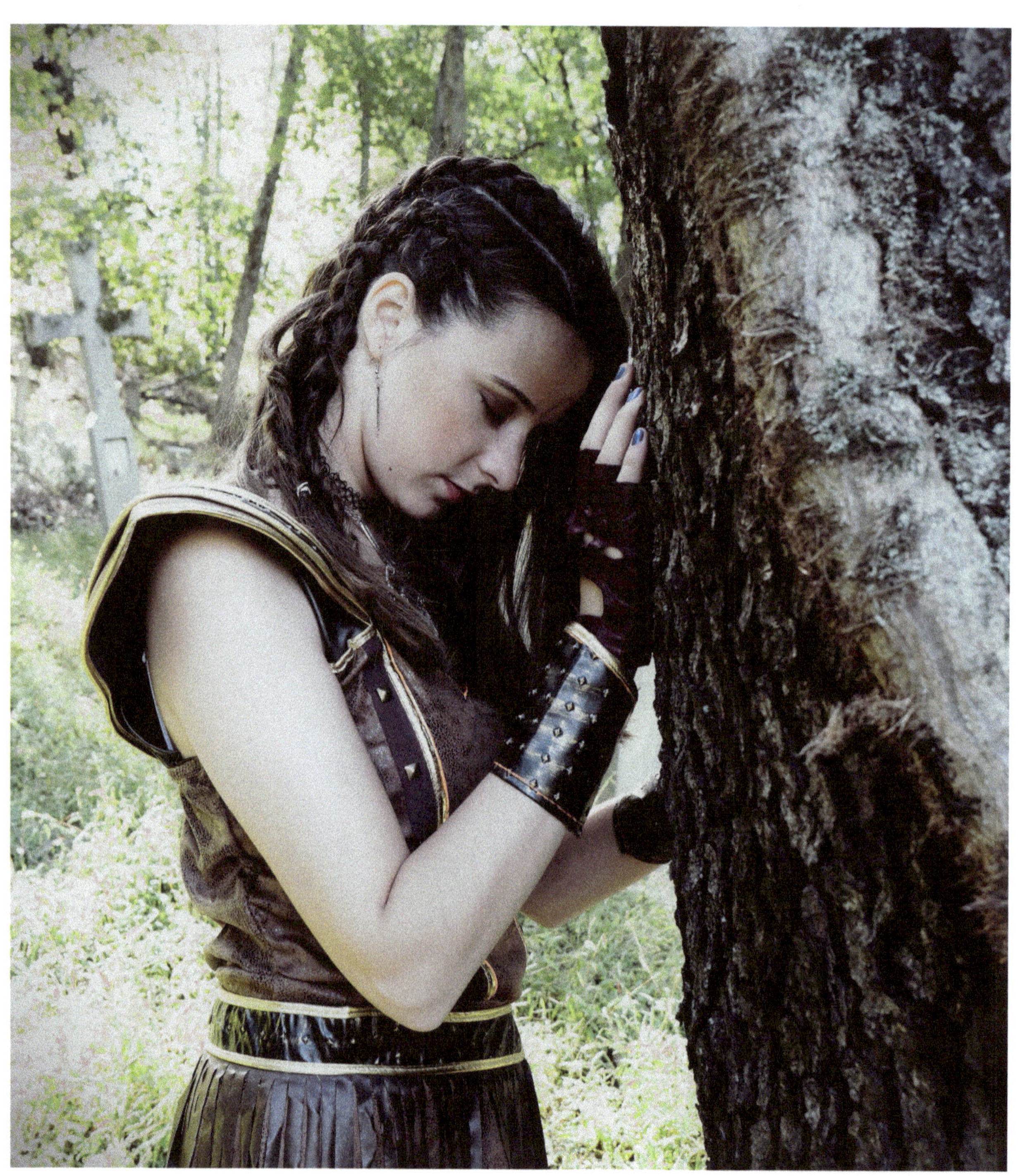

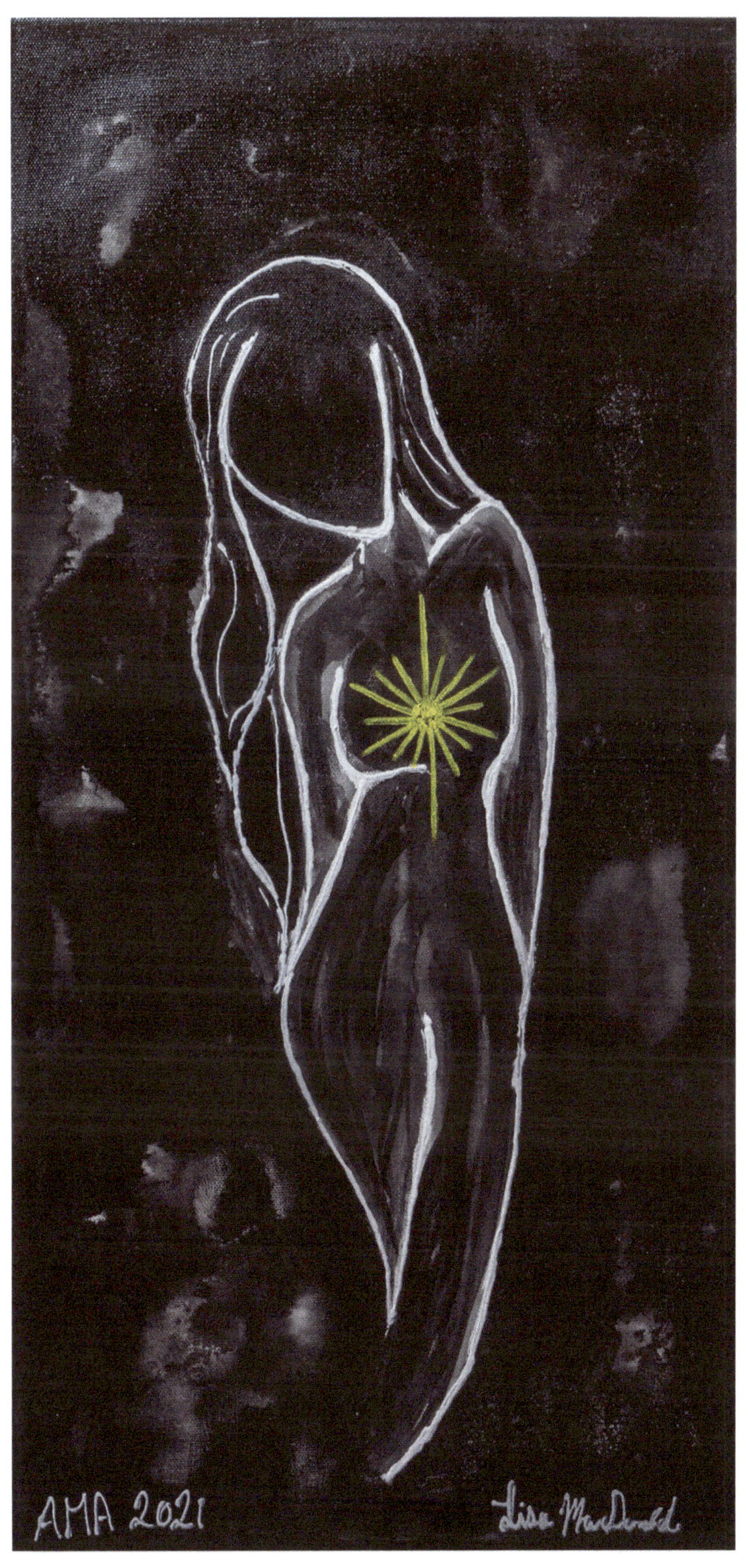

AMA 2021
Lisa MacDonald

Felicidad Oculta

2021

¡Esconder tu felicidad es como tener una versión mini de ti dentro, gritando para salir y brillar! Cuando era niña, era difícil para mí expresar mi felicidad. Sentí que tenía que ocultar mis verdaderos sentimientos, especialmente en la escuela. Cuando llegué a casa, me sentí libre de ser yo misma y expresar lo que quisiera. Disfruto pasar mi tiempo con mis vecinos Lester y Jo Ann porque con ellos puedo expresarme fácilmente sin ningún juicio. En general, me siento más cómoda estando rodeada de adultos porque se preocupan más por mí y me aprecian por ser yo misma. ¡A veces siento que debería haber nacido en otra época!

Ahora sé que no debo tratar de ocultar mi energía loca y feliz. Cuando dejo que mi luz brille desde adentro, me siento aliviada. Encarno el verdadero espíritu de una persona feliz. Esto me hace sentir que puedo ser quien estaba destinada a ser, sin importar lo que piensen los demás.

Hoy, en la universidad, puedo ser más como yo mismo. Puedo brillar ante otras personas y hacer que se sientan mejor consigo mismas. Todos tenemos una luz interior. Tenemos que dejar que brille e ilumine el mundo. Como artista motivacional abstracto, quiero ayudar a otras personas a levantarse. Quiero ayudarles a dejar brillar su luz interior. Y hazles saber que está bien ser tú mismo.

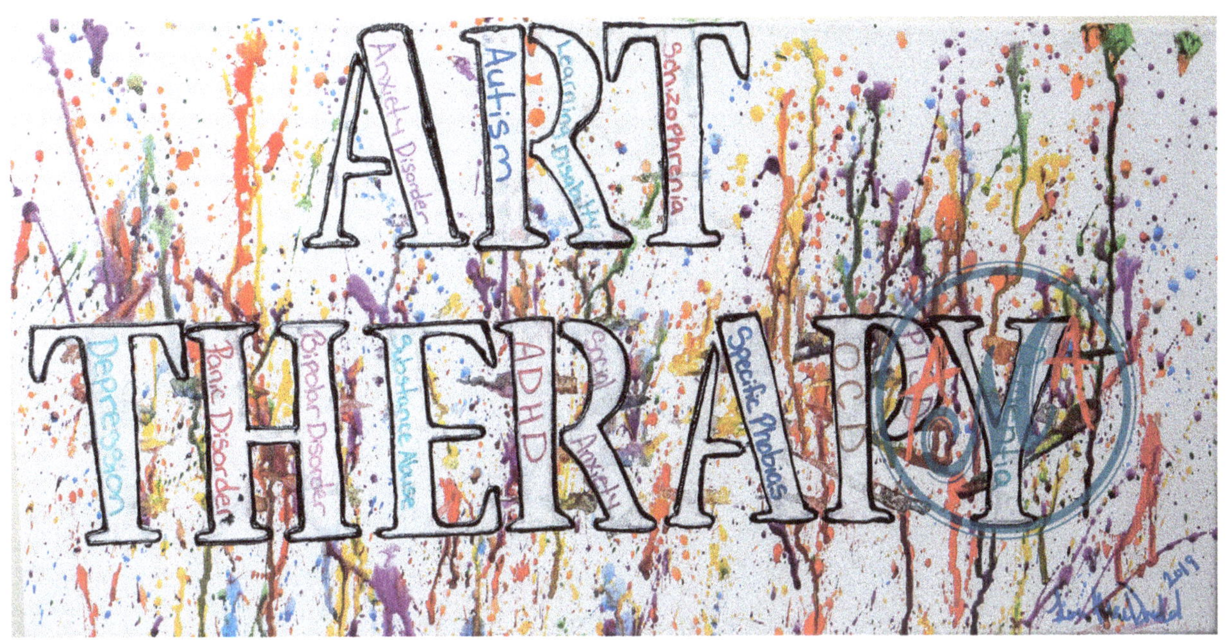

Beneficios de la Arteterapia

2019

Si no hubiera arte en este mundo, estaríamos perdiendo la cabeza, viviendo en un mundo aburrido. El arte, la música y la danza dan vida a nuestras mentes y almas. Todos necesitamos esto para vivir la vida libremente y para ganar motivación cuando la vida nos golpea fuerte.

El arte me cura porque me permite expresar todas mis emociones negativas en una pintura. Me da una sensación de logros y me enseña a entender lo que me ha estado frenando durante años. A lo largo de toda mi vida me he dado cuenta de que la carrera a la que aspiro es lo que he estado haciendo desde que era una niña. Nunca pensé en conectar la psicología y el arte. Pensé que el arte era solo un pasatiempo y algo divertido de hacer, pero siendo realistas, lo que he estado haciendo es lo que me ha ayudado a trabajar en mi interior. No es de extrañar que me convirtiera en una persona de tan alta vibración, tan llena de imaginación. El arte realmente me hizo darme cuenta de quién soy realmente y cómo para mí actuar como los demás no me hace feliz.

Resulta que todo el tiempo estuve haciendo terapia artística. En tiempos difíciles, el arte me ayudó a salir de los sentimientos negativos y a restablecer lo positivo en mi vida. Esto me motiva a que otros escuchen mi historia y cómo supero los desafíos en mi vida. Siento que aprendí arteterapia por mi cuenta y que realmente obtuve el verdadero conocimiento de lo que la terapia artística puede hacer por los demás. En cuanto a mí, que lucho con la escritura, las palabras fueron muy difíciles para mí para expresar cómo me siento por dentro. Creo que el arte es tan hermoso de usar en un campo terapéutico porque puede ayudar a una persona a expresarse de manera imperfecta a través de cualquier forma de arte porque nuestras emociones son imperfectas y debemos abrazar la belleza de dejarse llevar a través del arte.

Con esta pintura, quería capturar los beneficios que ofrece la arteterapia. Incluí muchos términos de salud mental para expresar la variedad de enfermedades.

A muchas personas de mi generación les cuesta mirar dentro de sí mismas porque están muy concentradas en lo que está en sus pantallas. A veces, cuando hablo con la gente, me doy cuenta de que no tienen control sobre sí mismos ni sobre sus mentes. Para ellos, la arteterapia sería impactante para ayudarlos a tomar conciencia de sí mismos.

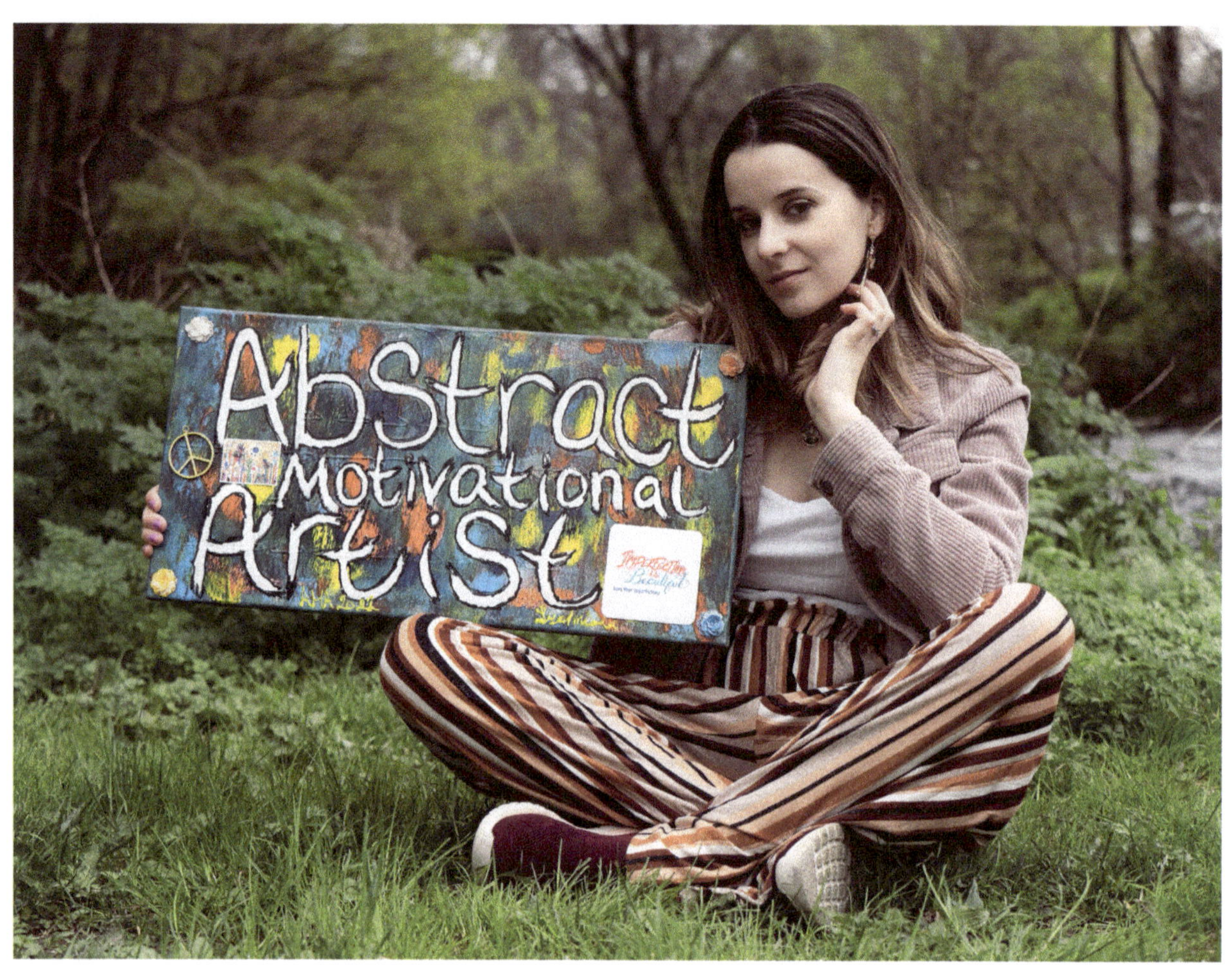

Abstract
Motivational
Artist

En la universidad, pensé que sabía lo que quería hacer en mi vida. Obtuve una licenciatura en artes en Cedar Crest College, pero descubrí que estaba aprendiendo más en mi trabajo como artista motivacional abstracto.

Luego comencé un programa para obtener mi maestría en arteterapia, pero comencé a sentirme muy deprimida, desmotivada y agotada. Estaba en conflicto entre obtener mi maestría y concentrarme en mi negocio Imperfection Is Beautiful. Después de mucho examen de conciencia, decidí dejar la universidad y concentrarme al 100 por ciento en mi negocio.

Después de tomar esa decisión, me sentí más feliz, más segura y más libre de lo que me había sentido en mucho tiempo, tal vez desde que era una niña. Finalmente, siento que tengo el control sobre hacia dónde quiero ir en mi vida. No tengo que preocuparme por las fechas de vencimiento. Trabajo a mi propio ritmo y me esfuerzo por ser feliz donde estoy. Decidí pintar sobre la pintura de Arteterapia e incluir Artista Motivacional Abstracto. Agregué los colores de mi negocio y diferentes elementos que representan mi negocio.

Desde que tomé este camino, muchas personas me han dicho que los he inspirado y que ven cómo puedo tener un impacto a través de mi arte. Incluso me ofrecieron un trabajo para ayudar a personas con enfermedades mentales. Eso me hizo darme cuenta de lo mucho que mi arte puede marcar una gran diferencia en la vida de las personas. Me alegro de haber decidido seguir adelante con mi pasión.

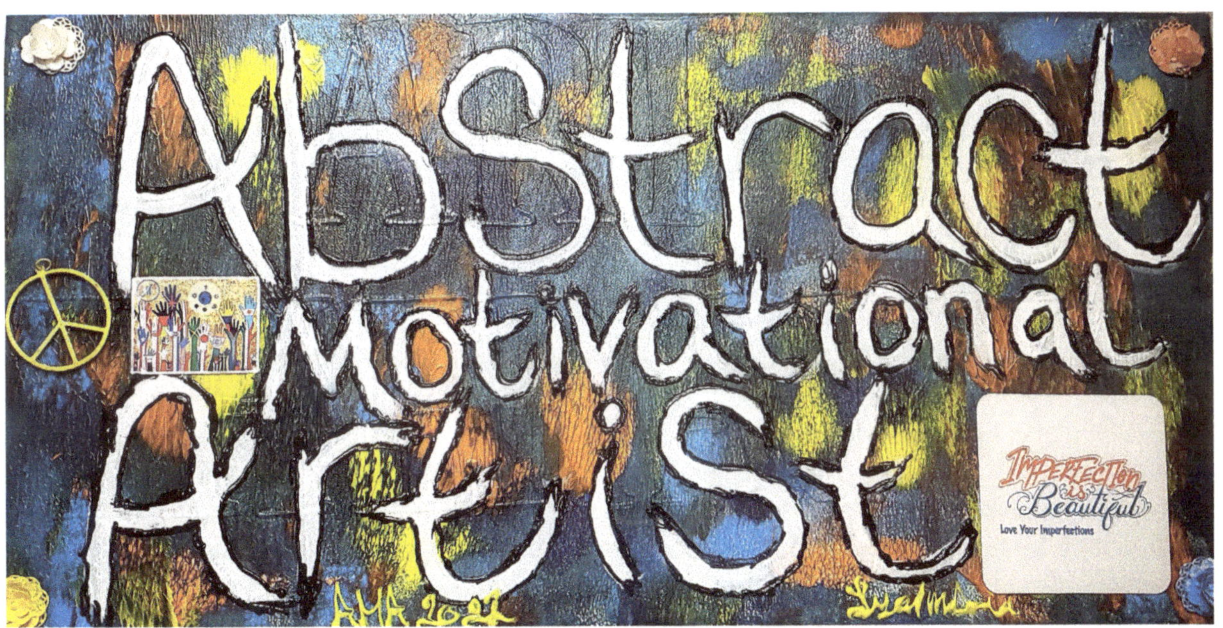

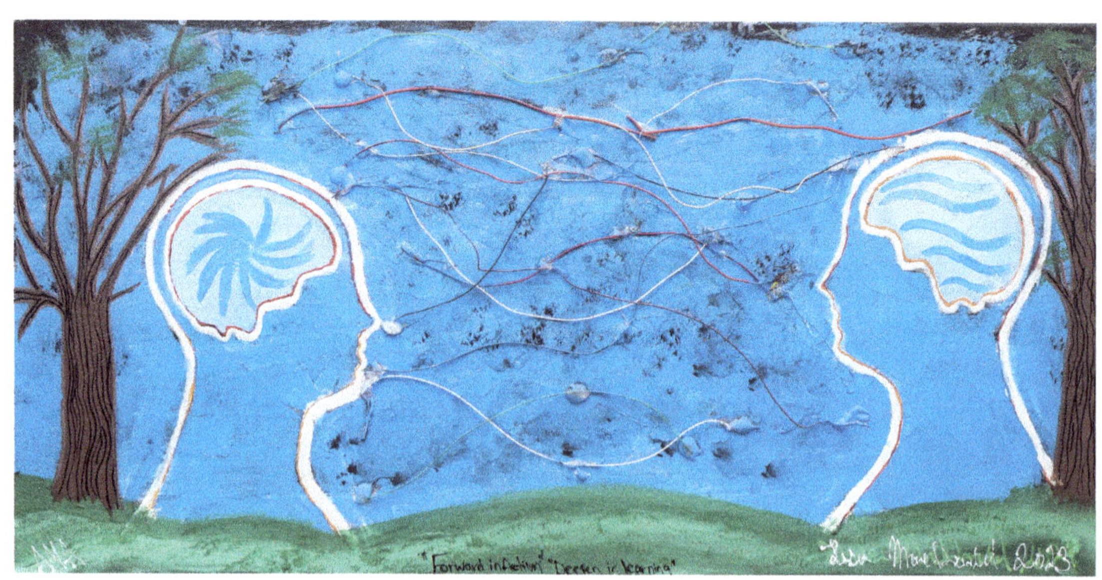

Coach de Vida Motivacional

2022-2023

Agregar más a mi viaje al ser dueño *de Imperfection is Beautiful* y ser tanto un Artista Motivacional Abstracto como un Coach de Vida Motivacional me conecta y me ayuda a comprender mejor las mentes de los jóvenes. Esta es una gran transformación en mi vida, y me tomó un poco darme cuenta de lo que funciona y lo que no funciona en mi negocio. He estado haciendo malabarismos con muchas cosas y tratando de encajar cada pieza del rompecabezas.

Me doy cuenta de que muchos de mis talleres de arte y motivación consisten en diferentes temas, pero se concentran en las habilidades de autodescubrimiento y las habilidades de afrontamiento. Entonces, decidí por qué no ofrezco servicios de coaching de vida que se centren en las habilidades de autodescubrimiento, las habilidades de afrontamiento y las habilidades de gestión del tiempo. Agregué habilidades de gestión del tiempo para personas como yo que tienen diferentes formas de aprender. Tuve que aprender por mi cuenta cómo administrar mejor mi tiempo durante la escuela.

Creo que los adolescentes y los adultos jóvenes necesitan mucha orientación cuando se trata de habilidades de gestión del tiempo. También necesitan habilidades de autodescubrimiento y habilidades de afrontamiento. En nuestro mundo acelerado, muchos adultos jóvenes luchan con problemas de salud mental. Si queremos que los jóvenes tengan éxito, debemos enseñarles las herramientas adecuadas para ayudarlos a descubrir quiénes son y cómo hacer frente a los problemas de la vida.

Volví a pintar esta pintura, que había creado originalmente para mi proyecto de licenciatura en arteterapia. Decidí que el original parecía demasiado perdido y no claro. Pinté todo el fondo de azul y agregué árboles, césped y remolinos en ambas siluetas de cabeza. Quiero que mis clientes sientan estos elementos durante nuestras sesiones de coaching de vida motivacional.

La silueta de la cabeza izquierda representa a mis clientes y cómo están pensando críticamente sobre cómo pueden superar sus desafíos. La silueta de la cabeza derecha me representa como coach de vida motivacional, y muestra lo tranquila y serena que soy cuando trabajo con clientes. Los cables representan la energía de intercambio que nos estamos dando unos a otros, lo que nos ayuda a crecer. Los árboles representan el crecimiento y la fuerza entre el cliente y el coach.

Rehacer esta pintura me dio una sensación de alivio y disfrute porque ahora veo mi vida mucho más clara. Ahora estoy siendo fiel a mí mismo.

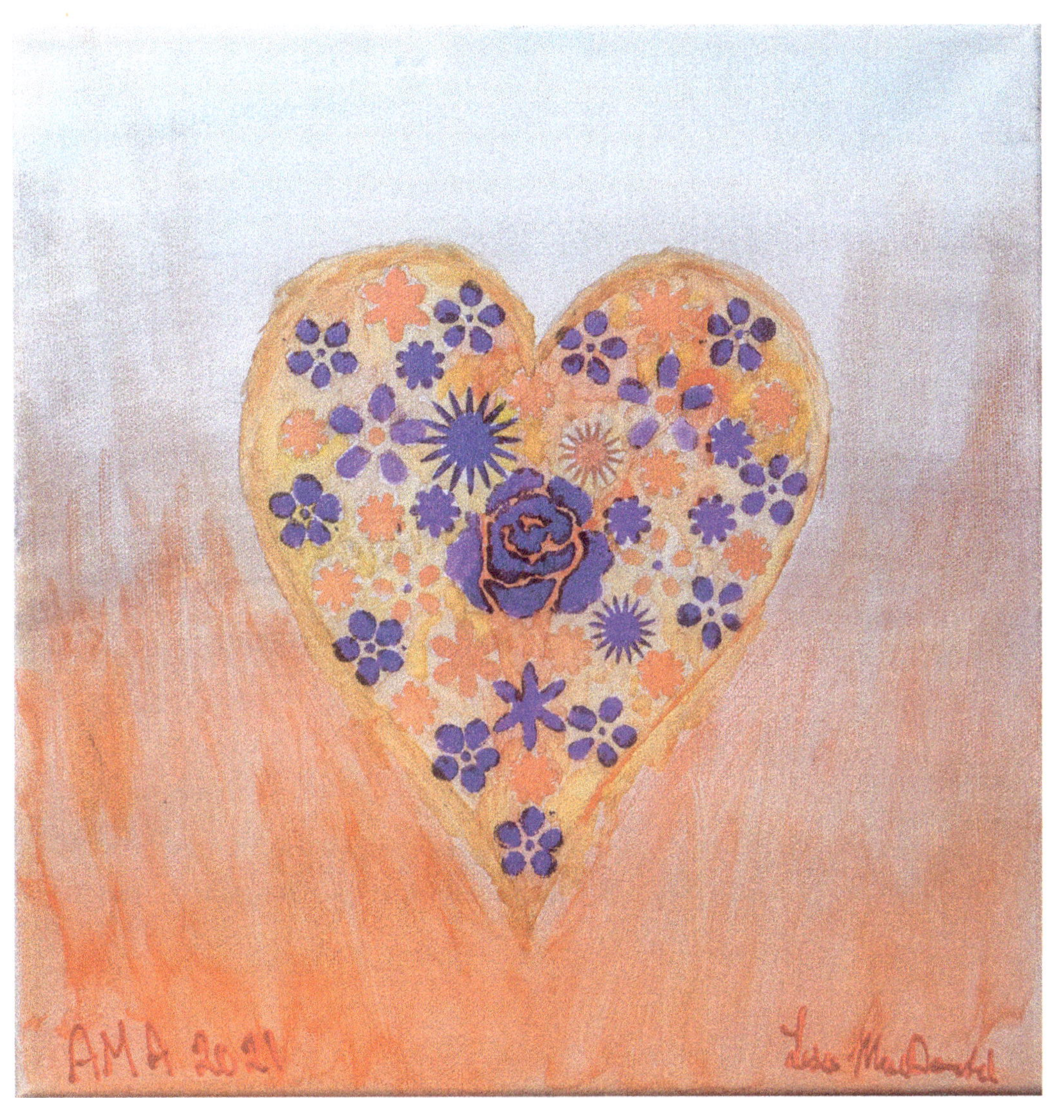

Corazón Abstracto Motivacional Artista

2021

Como artista motivacional abstracto, mi objetivo es crear arte que pueda conectar y sanar a las personas. Decidí construir mi negocio creando Imperfection Is Beautiful LLC en abril de 2021. Di este paso porque quiero que la gente se tome en serio mi negocio y mi arte.

En el verano de 2021, recibí una beca de Allentown para hacer un taller de libros para colorear y dar un discurso motivacional sobre cómo aceptar tus imperfecciones en los refugios. Ganar esa beca realmente aumentó mi confianza, haciéndome sentir que mi trabajo está marcando la diferencia y es valorado.

Esta pintura representa lo que se siente ser un artista motivacional abstracto. Las flores naranjas y moradas indican mis emociones, como la emoción y el aprecio.

Muchas personas me dicen que aprecian lo que estoy haciendo. Me cuentan lo mucho que solían dejar que sus imperfecciones los detuvieran.

Me siento bendecido de tener una mentalidad positiva y una personalidad extrovertida, sin importar lo difícil que pueda ser este mundo. El mundo necesita más luz que oscuridad, y con el corazón que tengo como Artista Motivacional Abstracto, seguiré haciendo brillar esa luz al mundo.

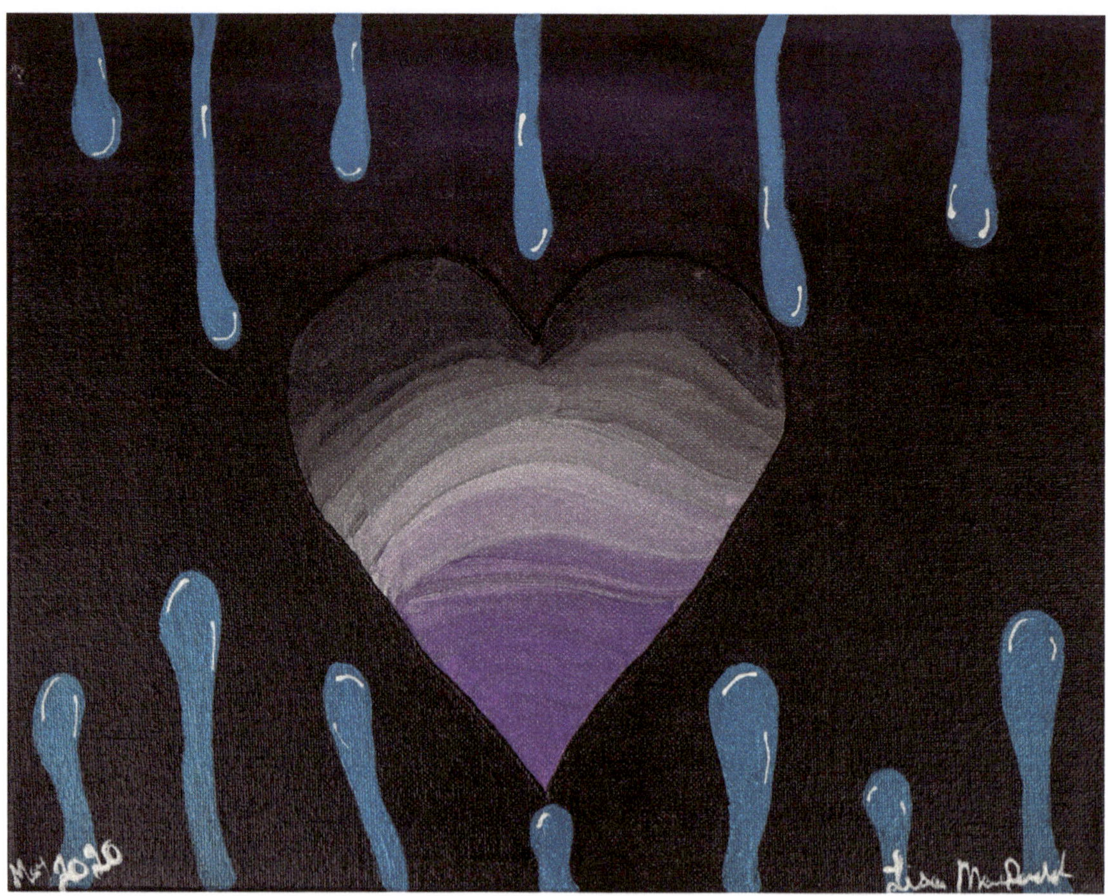

Descolorido

2020

Utilizo mi arte para expresar tanto los buenos como los malos momentos. Cuando miro esta pieza, es muy difícil recordar que tuve que pasar por esta experiencia. Tuve que dejar de lado esos sentimientos duros. Tuve que sacarlos y ponerlos en una obra de arte.

Esta pintura representa mi experiencia de ser acosada sexualmente. Nunca pensé que estaría en esa situación. Pero aquí estoy, años después, todavía tratando de superar los flashbacks y la incomodidad, sintiendo que perdí mi fuerza interior.

Esa experiencia hizo que no quisiera estar con hombres. De hecho, solo quería estar sola en mi habitación. Sentí la oscuridad. Las lágrimas corrían por mi rostro. Me sentí sucia y extraña por lo que pasó. Sentí como si los colores de mi corazón se estuvieran desvaneciendo. No quedaba felicidad dentro de mí. Seguí teniendo flashbacks una y otra vez. Me deprimía, no quería hacer nada.

Esa experiencia me enseñó a mantener la guardia alta y a ser más severo y serio. Nadie debería enfrentarse a este tipo de situaciones, pero debemos recordar que somos fuertes de mente y que podemos luchar contra este dolor. Necesitamos educarnos sobre la defensa personal y saber cómo protegernos del acoso y la agresión sexual.

La pieza se llama "Faded" porque me sentía débil, como si hubiera perdido mi independencia. Cuando terminé esta pieza, me sentí bien. Me había enfrentado a mis emociones y había proyectado lo que me había dolido en esta pieza.

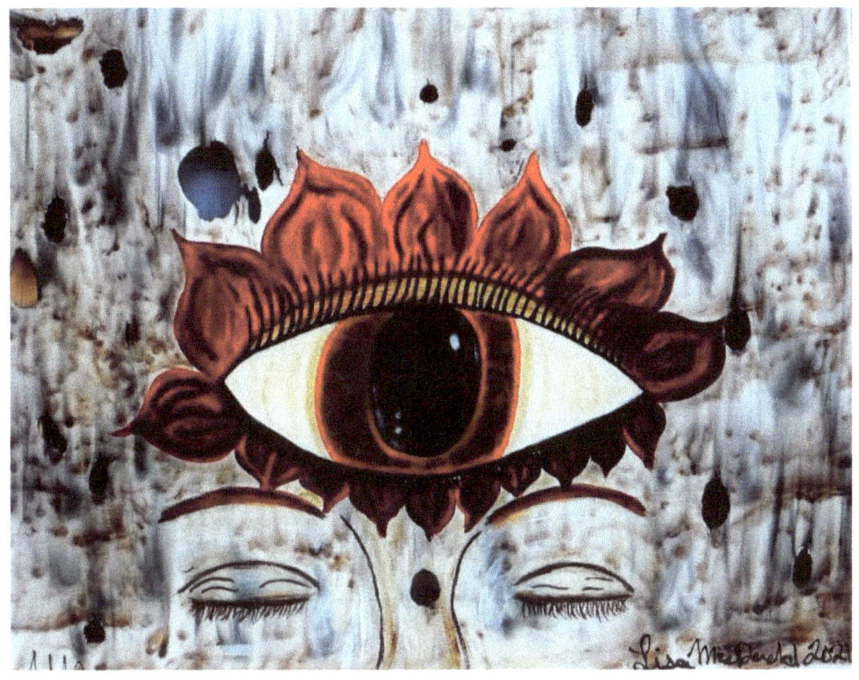

Llama del Tercer Ojo

2021

Mientras escribo, me siento un poco mejor después de lidiar con una migraña intensa. Tengo migrañas frecuentes, que pueden ser causadas por las hormonas, el cambio de clima, la falta de sueño, no comer bien, el estrés, la ansiedad y las alergias.

La mayoría de los medicamentos para la migraña contienen cafeína, que no puedo tomar porque me da ataques de pánico durante el día e insomnio por la noche. No me gusta tomar otros analgésicos porque me dan náuseas. ¿Quién quiere sentir náuseas? Claro que no.

Cuando tengo migraña, apenas puedo abrir los ojos y siento una tremenda tensión entre las cejas. Las migrañas me hacen sentir como si mi cabeza estuviera en llamas, quemándome la cabeza. Algunos días, cuando tengo migraña, me pongo bolsas de hielo en la cabeza y paso por cuatro de ellas porque mi cabeza se calienta mucho.

Para prevenir una migraña, antes de irme a la cama, medito para ayudar a calmar mi mente y distraerme de los pensamientos negativos. Durante una meditación, tuve una visión de mi tercer ojo abriéndose y saliendo de mi cabeza. Este tercer ojo era de un naranja ahumado súper vibrante.

Dicen que cuando tu tercer ojo está abierto, tienes un alto sentido de ti mismo, mucha sabiduría y una fuerte intuición. Pero cuando su tercer ojo está desequilibrado, puede tener migrañas, visión borrosa y problemas de sinusitis.

Pinté este pedazo del tercer ojo que vi en mi meditación. Imagino que mi tercer ojo está abierto de par en par y no me deja relajarme, me dan ganas de cerrar los ojos y no moverme, porque cuanto más me muevo, más se abrirá el ojo y volverá a pasar por esta migraña. Cuando tengo migraña, siento como si mi cabeza estuviera en llamas y a punto de explotar. Es muy difícil relajarse. Decidí quemar este lienzo para ayudar a mi espectador a entender el dolor, el calor y los latidos que siento. Ver esta pintura me recuerda que debo equilibrar mi vida y tomar mi salud más en serio para ayudar a disminuir las migrañas.

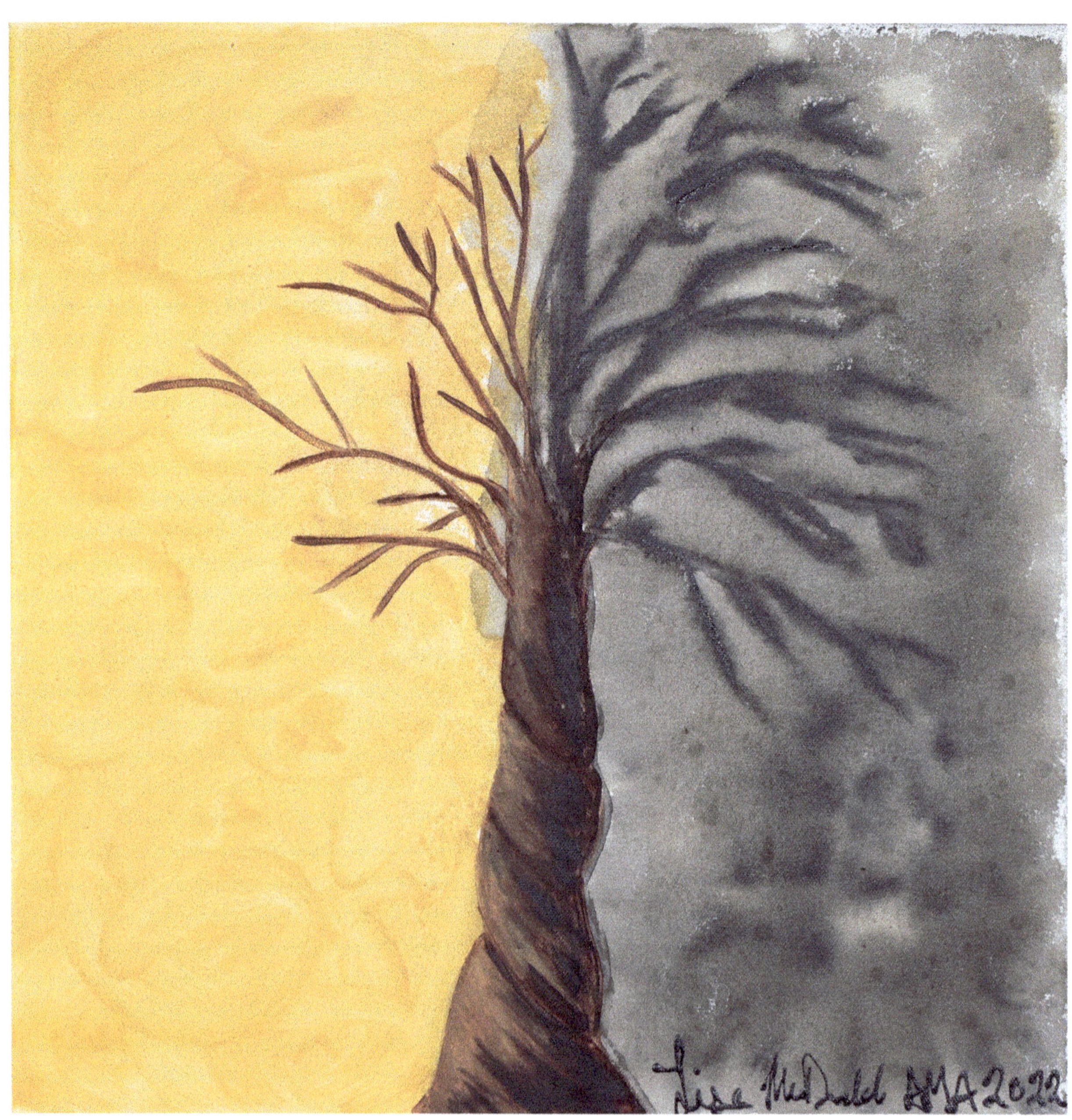

El Miedo a lo Desconocido

2022

El miedo puede privarnos de la capacidad de vivir nuestras vidas al máximo. A veces tenemos miedo de salir de nuestra zona de confort porque no sabemos cuál será el resultado. Siempre queremos predecir lo que va a pasar, pero la vida no es así. Tenemos que experimentar cosas nuevas y aprender de nuestros errores. Esto nos ayuda a crecer y a ser más fuertes.

Siento que hay muchas incógnitas en la vida, y estoy impaciente por saber el resultado final. Soy una persona que toma riesgos, y especialmente desde 2017, realmente salí de mi zona de confort y me expuse como un artista motivacional abstracto.

También estoy muy enfocado en el futuro, siempre preguntándome: *¿Qué pasará si doy este paso? ¿Me detendrá? ¿O tendré más* éxito? Me cuestiono muchas cosas en mi vida porque quiero asegurarme de que todo lo que hago es algo que puedo manejar y de lo que puedo estar orgulloso. Sé que no todo va a suceder de la manera que yo quiero, y es entonces cuando aprendo a aceptar esas imperfecciones.

Todos los días, me pregunto a dónde iré con mi arte y mi negocio. Constantemente me expongo y hago todo lo posible para que la gente sepa todo lo que hago. Me vienen a la cabeza preguntas: *¿Cómo puedo sobrevivir haciendo lo que estoy haciendo? ¿Podré obtener una buena cantidad de ganancias? ¿Podré pagar mis facturas? ¿Necesito cambiar mi camino?*

En 2022, hacía tiempo que no pintaba, así que sentí que necesitaba pintar mis sentimientos. Pinté este árbol para representarme a mí misma como una mujer fuerte y centrada. Agregué un tono cálido a la izquierda para representar el momento presente. Agregué un tono oscuro a la derecha con ramas negras descoloridas para representar lo desconocido.

Cuando estoy luchando con mi miedo a lo desconocido, trato de recordar que no puedo controlar el mundo externo, pero *puedo* controlarme a mí mismo y a mis acciones. Sí, hay una incógnita, pero si trato de usar mi tiempo sabiamente y ser productivo, estaré más preparado para el futuro. Si hago las preguntas correctas, las respuestas me llevarán a donde quiero ir. También tengo que tener paciencia porque las cosas no van a suceder de la noche a la mañana. Todo es solo un proceso. Sé que algún día lo conseguiré. Pintar este árbol me hizo sentir bien porque aprendí a dejar ir y a saber que pase lo que pase, ¡todo es oportunidad para aprender, crecer y mejorar! Sé que algún día miraré

Vuelvo y pienso, *me alegro de no haber dejado que mis miedos me detuvieran.*

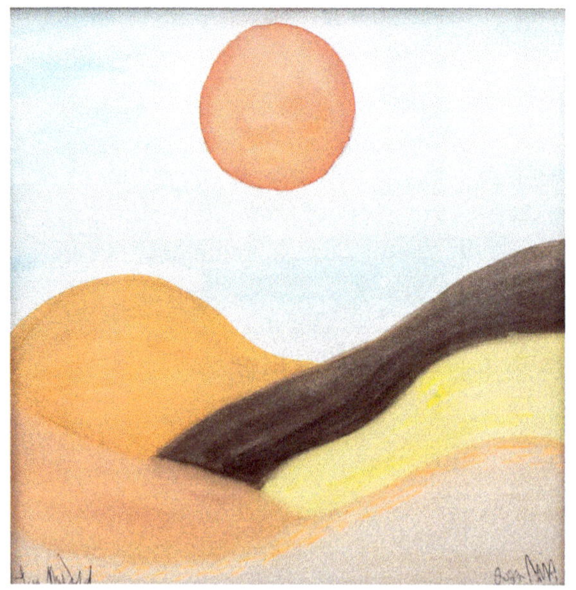

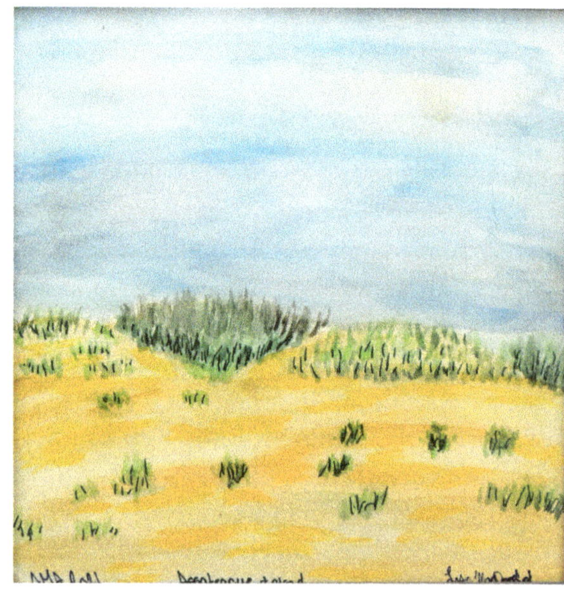

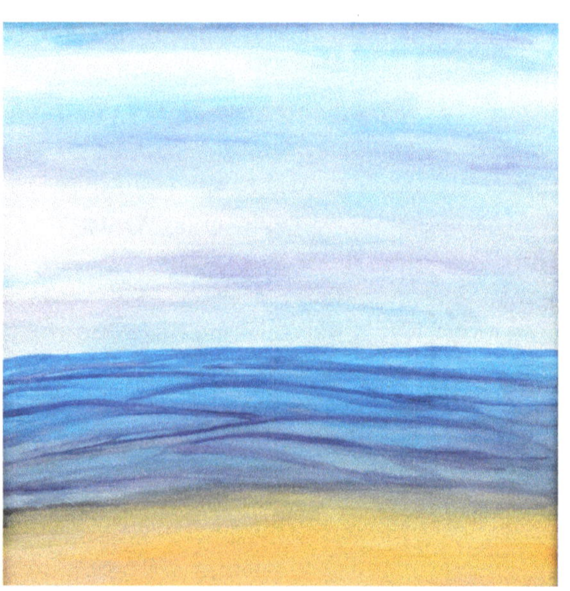

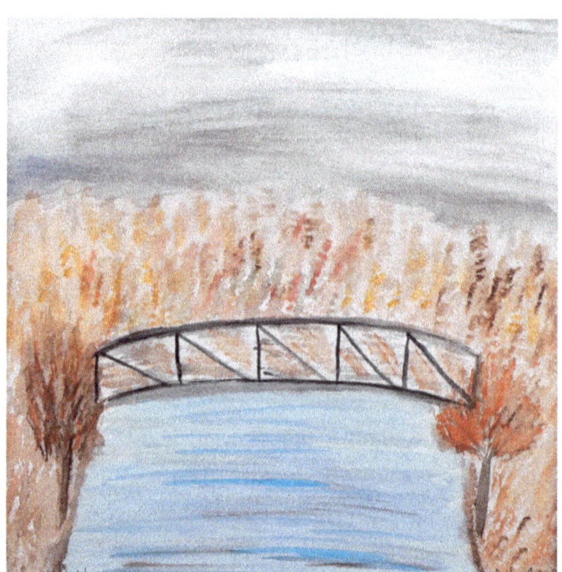

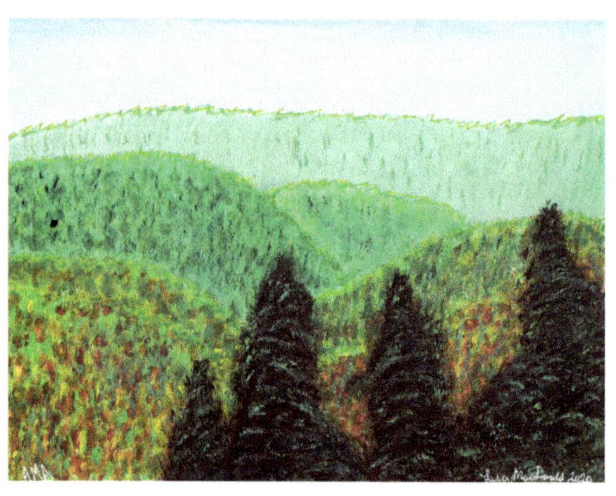

Mi Visión Abstracta de la Naturaleza

2023

Al ser artista, tengo una mentalidad única en la que veo el mundo de manera diferente a otras personas. Cuando era niña, la naturaleza era mi mejor amiga porque cuando estaba sola en la naturaleza, no me juzgaban. Sentí paz y tranquilidad a mi alrededor cuando pasé por delante de los árboles y me tumbé en la hierba. ¡Todo estaba tan quieto y pacífico! Quería quedarme allí para siempre y no pensar en mis desafíos. Creo que la naturaleza enseña mucho sobre la vida y cómo debemos cuidarla y ser bendecidos por lo que tiene para nuestras vidas humanas. La naturaleza nos da un recordatorio para reflexionar sobre nosotros mismos y estar presentes con nosotros mismos.

Mis puntos de vista en nuestro mundo siempre son positivos y coloridos, sin importar cuán mala actúe la gente o cuánta negatividad escuche en las redes sociales. A veces, es difícil mantener esa perspectiva, pero cuando paso tiempo con la naturaleza, la paz y la felicidad regresan y me siento muy viva. Cuando me siento y miro fijamente la vista, veo cada forma, color, movimiento y sonido como abstracto y dramático. Puedo imaginar los sonidos en mi cabeza. Es una bendición poder cerrar los ojos e imaginar el mundo natural.

Veo la naturaleza como una hermosa obra de arte. Todo resalta con colores cálidos y brillantes durante el día y colores atenuados por la noche. Cuando estoy afuera durante el día y escucho a los pájaros, reflexiono sobre los momentos que pasé en el patio de mi abuela escuchando a esos pájaros. Me lleva de vuelta a mi infancia, y la sensación que tengo es la pintura *El aroma de mi vida infantil (ver página 18).* Todo parece tan colorido y feliz cuando estoy afuera en los días de primavera y verano.

Durante la noche, veo tonos oscuros de morados, azules y verdes oscuros. Me siento incómodo estando en la oscuridad, pero cuando practico ver la bondad de estar afuera en la noche, no es malo como la pintura "Sombras a la luz de la luna" en la página 33. Me encanta sentarme afuera por la noche y escuchar grillos y ver las nubes lentas que se alejan con estrellas brillantes y la luna brillando. Me imagino el cielo nocturno como la pintura de Vincent Van Gogh de trazos lentos del cielo, la luna brillante y las estrellas.

Me encanta cómo pinto la naturaleza. No creo lo que veo en el mundo real, sino lo que imagino y siento cuando miro cada aspecto de la naturaleza. Veo colores vibrantes en forma abstracta donde cada planta, sol, hierba, árboles, agua, animales, etc. tienen su propio aspecto abstracto único.

Cuando pinto al aire libre, disfruto usando acuarelas porque fluye muy bien y se mezcla maravillosamente.

Las acuarelas me permiten fluir de manera imperfecta y crear mis propias vistas de la naturaleza.

La naturaleza está llena de imperfecciones en forma, color y forma. Espero que conectes profundamente con mis pinturas abstractas de la naturaleza, para verte tan hermoso y tan imperfecto como mis pinturas de la naturaleza imperfecta.

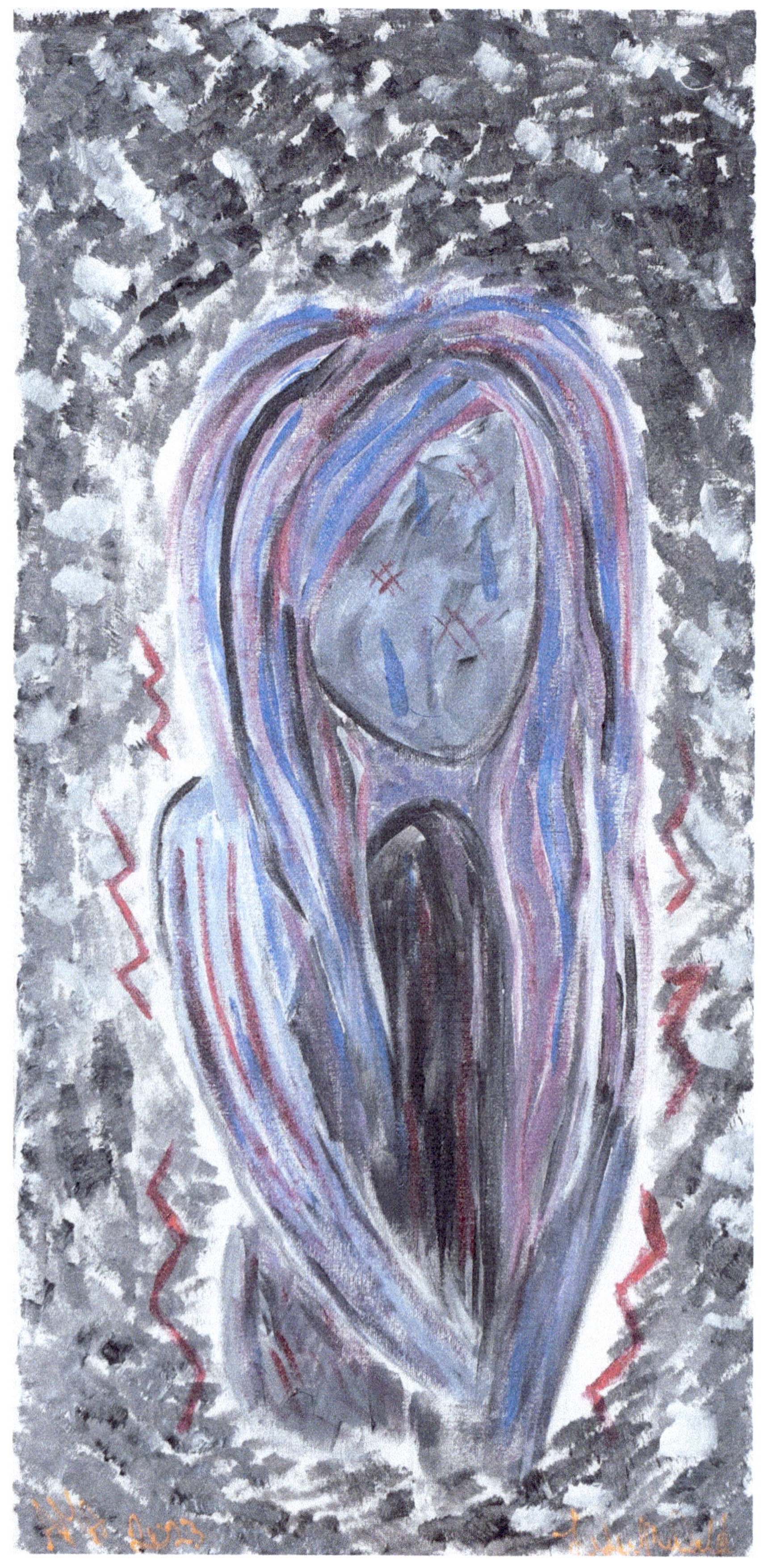

Pasando Por el Dolor

2023

Pasar por el dolor mental y físico puede ser muy agotador. Tengo dolor crónico. Siento que es importante ser abierto al respecto, no porque quiera que la gente se sienta mal por mí, sino para que otras personas sepan que no están solas en su sufrimiento.

Las redes sociales retratan mucha perfección, pero no muchas imperfecciones. ¡No es de extrañar que tantas personas estén ansiosas y deprimidas! Se nos recuerda constantemente que necesitamos vivir una vida perfecta, sin sentimientos negativos. Pero somos humanos y tenemos días imperfectos.

Cuando tengas dolor, entiende que el hecho de que tengas dolor no significa que seas débil. Eres fuerte porque no te estás dando por vencido. Usted tiene la capacidad de aliviar este dolor. Trabaja con él, encuentra cuál es el problema principal y ten paciencia porque se necesita tiempo para sanar. Si necesita ayuda seria, obtenga la ayuda seria que necesita y merece ahora. No esperes.

En mi vida, he sufrido de migrañas extremas y dolor menstrual. Cuando me estaba recuperando de mi dolor, necesitaba expresar visualmente por lo que estaba pasando. Estaba profundamente triste porque a veces ni siquiera yo entiendo por qué siento lo que siento.

Mientras pintaba esta pieza, decidí usar pinceladas fuertes y desordenadas porque el dolor es desordenado. Elegí tonos oscuros porque cuando pasan por el dolor, las personas a menudo se sienten como si estuvieran bajo nubes oscuras. Pinté una figura femenina que está en una pose específica, la pose que hago cuando tengo un dolor intenso. Me envuelvo y lucho contra el terrible dolor con lágrimas y gritos, sin saber cuándo desaparecerá. Dibujé marcas de hashtag en la figura porque incluso después de que el dolor haya desaparecido, puede dejar una mala sensación de dolor después. Puede ser difícil moverse y hacer cosas porque mi cuerpo quedó traumatizado por este dolor y necesita más tiempo para sanar.

Cuando terminé esta pintura, sentí que había liberado toda mi tristeza y dolor mental y físico. Estaba lista para reconectarme conmigo misma y darme un poco de amor propio. Estoy orgulloso de no haberme rendido y de ser lo suficientemente fuerte como para luchar. Mientras pasaba por este proceso, salí a recibir un masaje de una buena amiga mía, Deb, propietaria de *Soul Body*. Mi ginecólogo también me derivó a fisioterapia para calmar mi cuerpo y ayudarme a conectarme con todo mi ser. Tengo la bendición de recibir ayuda. Sé que todo va a estar bien.

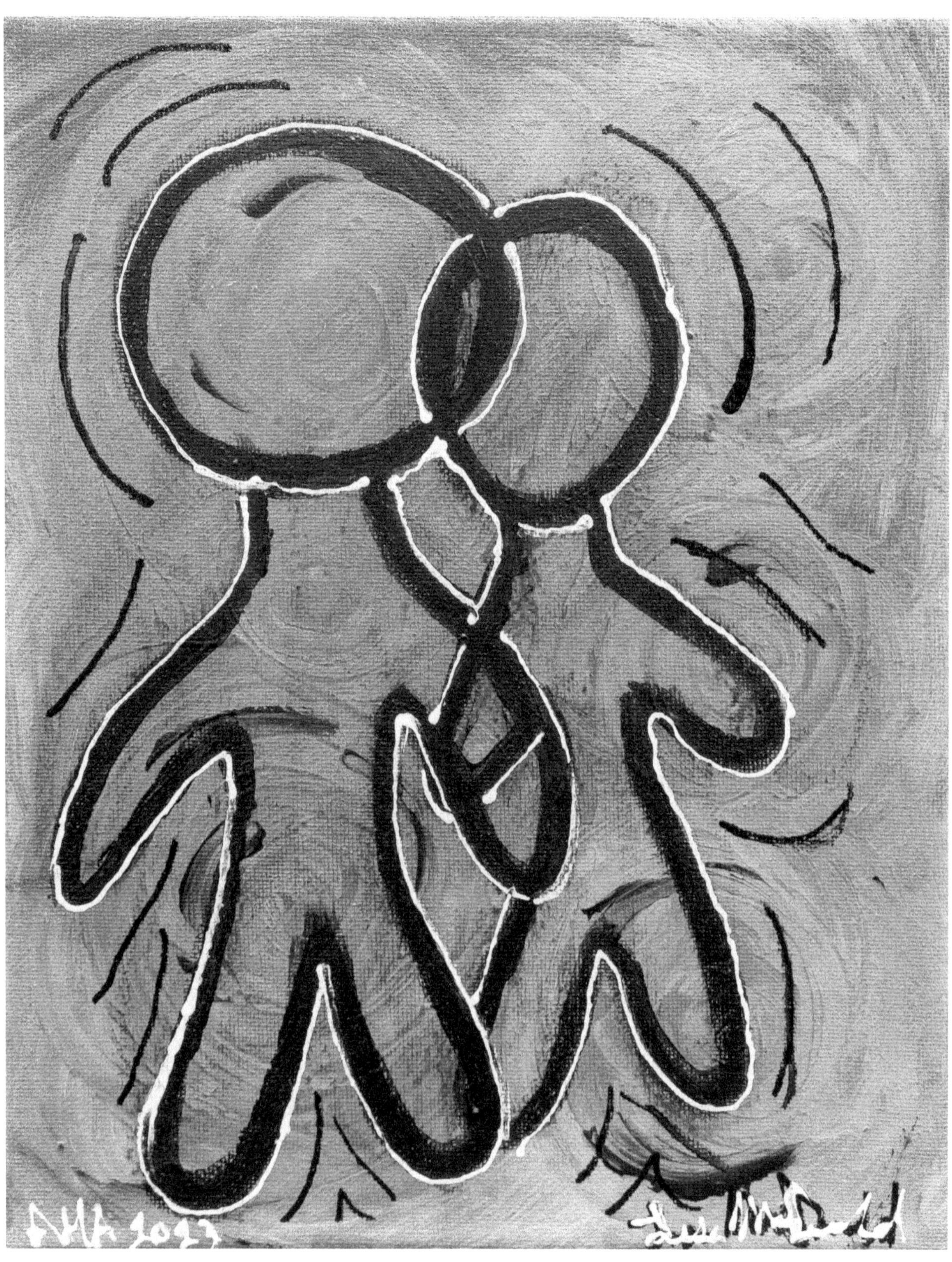

Sentirme Desconectado de Mí Mismo

2023

Estoy muy ocupada dirigiendo talleres, haciendo networking, trabajando en mi arte, yendo a eventos de venta y mucho más. He estado manejando mejor mis migrañas. Me aseguro de beber suficiente agua y protegerme durante los resfriados y el calor extremos. También me aseguro de comer bien y ser constante con mi higiene.

Sin embargo, recientemente, estaba experimentando un dolor loco en mi abdomen. Iba y venía, pero el 19 de agosto de 2023 lo sentí durante doce horas seguidas, así que fui al servicio de urgencias. El médico supo de inmediato que necesitaba cirugía para extirparme el apéndice. ¡Me quedé en shock!

Me sentí muy incómoda sin saber cómo iba a reaccionar mi cuerpo a esto. Me gusta tener el control de mi mentalidad, asegurarme de que soy bueno y pensar con claridad. Cuando salí del hospital con una receta para un analgésico fuerte, ¡sentí que estaba entrando en el infierno! Ayudó con el dolor, pero no ayudó a mi mentalidad. Me estaba volviendo loca, pensando demasiado, y no podía dormir. Estaba exhausto y perdiendo la cabeza. Dejé de tomar la medicación y de inmediato mi cuerpo estaba sudando pero frío al mismo tiempo. Fue como pasar por una abstinencia loca. Me sentía tan desconectada de mí misma. Era como si mi mente estuviera en otro lugar y mi cuerpo no supiera cómo funcionar por sí mismo. ¡Fue lo más aterrador de la historia!

Recibí una desintoxicación de una buena amiga mía, ella llama Dr. Susan, y seguí su consejo para ayudarme a recuperarme. ¡Y así fue! Poco a poco, dormí mejor, comí mejor y pensé mejor. Era como si mi mente y mi cuerpo se unieran lentamente. Estaré eternamente agradecida.

Esta pintura representa la desconexión de mí misma cuando paso por dolores crónicos como la cirugía de muelas del juicio, migrañas, dolor menstral y ahora la cirugía de apéndice. Hice el cuerpo y la cabeza de diferentes tamaños para mostrar que no había equilibrio entre mi mente y mi cuerpo.

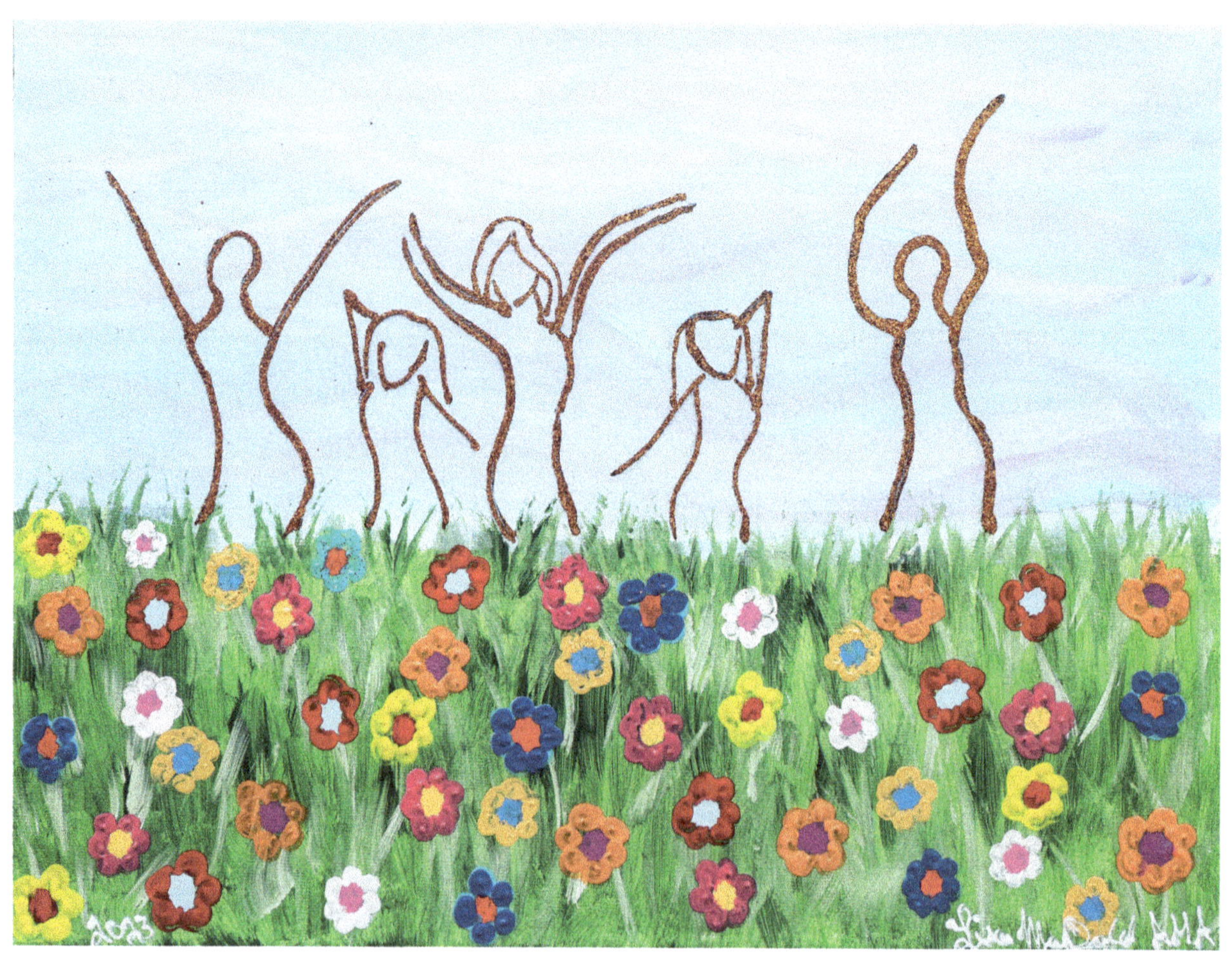

Sensación de Alivio

2023

Pasar por este viaje de sanación me enseñó mucho sobre la vida y la salud. En cuanto a la vida, me enseñó a no dar por sentado a mi familia y amigos porque tener el grupo de apoyo que tengo cuando paso por este proceso fue maravilloso de experimentar. Me animaron. En cuanto a la salud, adquirí nuevos conocimientos sobre la mente y el cuerpo y cómo sanar ambos. Estaba dispuesta a aprender porque no quería entrar en un camino profundo y oscuro. Me amo tanto y

¡Sé que este mundo me necesita más que nunca! Todos los días, me aseguro de mantener mi mente y mi cuerpo positivos sin importar lo agotador que pueda ser. Poco a poco lucho contra mis desafíos cotidianos para sanar con conocimiento y sabiduría que me ayuden a recomponerme y a reconectar mi mente y mi cuerpo.

En esta pintura, quería capturar sentimientos de alivio a través de la enfermedad mental y física. Mientras me abrazo en la naturaleza, me veo corriendo en un campo abierto lleno de flores de colores. La luz del sol dándome la calidez y el confort y las flores mirándome con rayos de colores. Esta es la sensación de libertad de no sentir nada en absoluto. La sensación de libertad, de volver a ser yo misma. He aprendido mucho de la oscuridad, y ahora el universo me ha felicitado proporcionándome la sensación de alivio. Hice mi parte cuidándome siguiendo lo que mi mente y mi cuerpo necesitan. Fue difícil porque esto era algo nuevo, necesitaba aprender a adaptarme, la vida siempre cambia, nada permanece igual. Necesitaba enseñarme a mí misma a trabajar con el flujo imperfecto de la vida. Creo que no podemos controlar nuestro entorno, pero sí nuestra mentalidad. Mientras trabajaba en este proceso, he estado trabajando con mi mente para ayudarme a ver las cosas con más claridad y motivarme para crear un cambio.

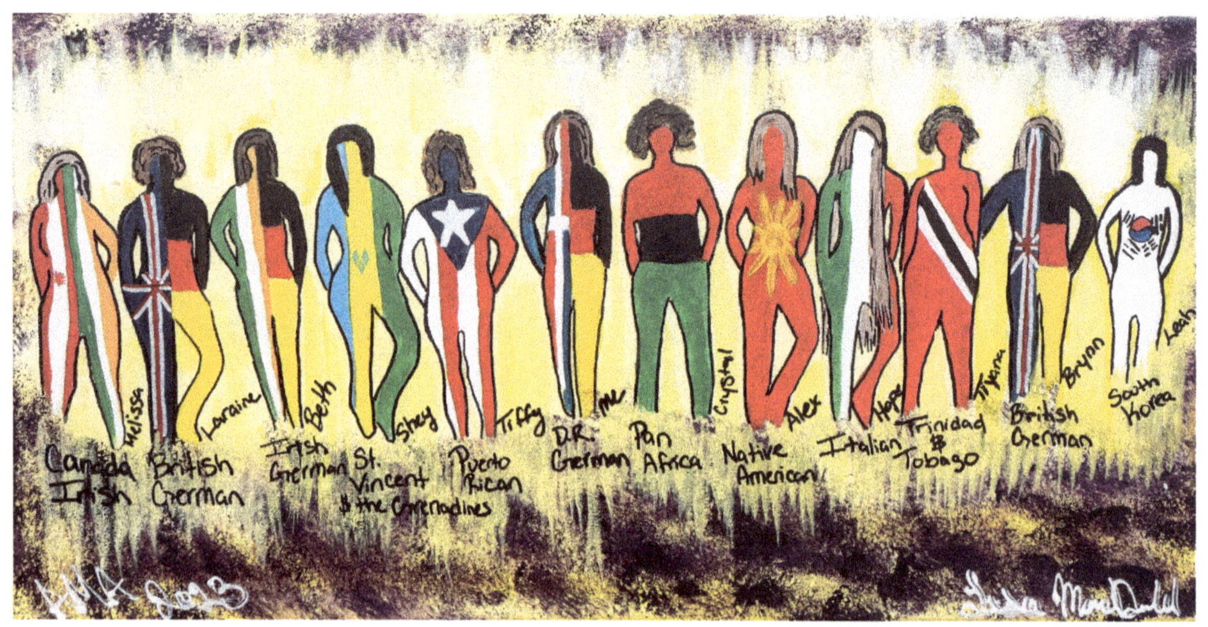

Las Mejores Novias Que Podría Pedir

2023

En mi vida me costó mucho hacer amigos, pero a través de mis experiencias difíciles y superarlas me hicieron conseguir verdaderos amigos leales. Las duras experiencias por las que pasé me enseñaron a saber cuándo levantar mi escudo y protegerme. Ahora conozco las señales de quién

es real y quién no es real. Aprendí de mi pasado y ahora permito que las buenas personas entren en mi vida. ¡Resulta que tengo las mejores novias que podría pedir!

El apoyo constante que he estado recibiendo y los increíbles elogios son algo a lo que tampoco estaba acostumbrado. Tuve que dar un paso atrás y dejar de poner el pasado delante de mí. Necesitaba permitirme estar presente con estas chicas y ver cuánto me escuchan y quieren aprender más sobre lo que hago. No sentí celos, solo amor y apoyo. Quiero expresarles mi gratitud y asegurarme de que sepan que realmente aprecio su presencia.

Los siguientes son mis amigos más cercanos. Estas mujeres me han conocido desde los peores momentos de mi vida hasta los mejores momentos de mi vida. Me ayudaron a luchar por lo que era correcto para mí y me enseñaron que merezco respeto y amor. Si tengo un problema, responden a mis llamadas y me ayudan a superar mis momentos difíciles.

Leah: ¡Conozco a esta chica desde hace años! Nos conocimos cuando yo estaba en segundo grado y estábamos en el mismo autobús. Siempre me gustó sentarme a su lado porque siempre tenemos una gran conversación. Siempre la veo como una chica brillante que no se avergüenza de su discapacidad. Ella me sorprendió todo el tiempo, especialmente hoy. Ella tiene sus luchas, pero hace que las cosas sucedan. No sabe cuánta inspiración es. Leah es una mujer inmejorable, que está trabajando duro para obtener un título en educación infantil, visitar a su maravilloso novio y trabajar para ser independiente. Ella es una luchadora, y yo respeto mucho eso. ¡Se merece tanto en su vida! Tengo la bendición de tenerla como una gran amiga.

Brynn: Conocí a esta chica en nuestro trabajo de medio tiempo en una tienda de yogur en 2018. Era un poco difícil trabajar con las otras chicas, pero trabajar con Brynn era diferente. Era divertido estar con ella y nos lo pasamos muy bien trabajando juntas. Hoy en día, todavía salimos a comer y hablamos de lo que está pasando en nuestras vidas. Los dos nos ayudamos mutuamente y los dos nos reímos juntos de los momentos imperfectos de la vida. Es una amiga muy confiable y espero que sepa que la respaldaré.

Tiyana y Hope: Conocí a Tiyana en mi desfile de concientización sobre la salud mental en 2022, y conocí a Hope en la universidad en 2019, y ella también asistió al desfile. Los tres conectamos instantáneamente en un momento inspirador. ¡Seguro que sabían cómo trabajar en el escenario del desfile! Me inspiró y me enorgulleció que esas chicas representaran lo que hago en Imperfection is Beautiful.

¡Hope es una chica dulce y tranquila que hace lo suyo! Admiro su talento para el kick boxing, la nutrición y el modelaje. Es una joven encantadora.

Tiyana y yo nos llevamos bien justo después de mi desfile. Se lo tomó en serio, con calma y confianza. Decidió ser la primera modelo en hacer la caminata. Quedé muy impresionado e inspirado. Después del show, nos mantuvimos en contacto y nos vimos un par de veces. Nos conectamos y hablamos sobre nuestras luchas entre nosotros y vimos que ambos podemos relacionarnos de diferentes maneras. Cuando Tiyana dio a luz a su hermosa niña llamada Girasol que significa Girasol en español; Estuve allí en su casa todo lo que pude para ayudarla con este pequeño. Quiero ayudarla tanto como pueda porque entiendo que puede sentirse sola estar con el bebé.

Tanto para Tiyana como para Hope, estoy seguro de que ambas podemos seguir viéndonos y creando más recuerdos. Ambos sois increíbles, no dejéis de creer en vosotros mismos y seguid siguiendo lo que realmente amáis y en lo que creéis. ¡Yo lo estoy haciendo y tú también puedes! ¡Contáis con mi apoyo!

Alex: He visto a Alex en la escuela secundaria y siempre pensé que se juntaba con la gente genial. No hablamos hasta nuestra reunión de la escuela secundaria en 2018, creo. Cuando conectamos, instantáneamente lloramos y reímos porque ambos pensábamos lo mismo el uno del otro. Hablábamos durante horas y era inspirador saber quién es realmente.

Alex es una mujer dulce que está abierta en el mundo espiritual. He aprendido mucho de ella y me enseñó que tengo una mente muy abierta a mi mundo espiritual. Ella me enseñó a ser abierta con señales en mis sueños, en mi vida de vigilia y a través de mi arte. Exploramos diferentes tradiciones espirituales y estar con la naturaleza. Ambos disfrutamos de nuestro tiempo con la naturaleza porque nos da la oportunidad de salir del mundo de la realidad y estar en la hermosa naturaleza. Expresamos nuestras preocupaciones sobre el mundo, las personas, la naturaleza, los animales y mucho más. Podemos hablar de todas estas cosas durante horas porque ambos lo vemos desde la misma perspectiva. Es una mujer divertida y cariñosa que siempre tiene los brazos abiertos y me da la bienvenida cada vez que necesito ayuda. Estoy muy agradecida de tenerla como una amiga increíble con la que puedo conectarme a nivel espiritual.

Crystal: ¡Oh, esta chica! La conocí en la clase de arte de la escuela secundaria en 2014, ella era estudiante de tercer año y yo estaba en el último año. Recuerdo que me senté justo enfrente de ella en clase junto con otras chicas que eran bastante molestas. Estaba muy callada en la clase de arte porque era mi asignatura favorita y me tomo esta clase más en serio que mis otras clases. Siempre pensé que Crystal era como esas chicas molestas y no quería involucrarme. Cuando trabajábamos de forma independiente, recuerdo hablar con Crystal y pensar para mí misma que no es molesta como las otras chicas.

Después de graduarme de la escuela secundaria, recuerdo que todavía nos mantuvimos en contacto, pero sentí que nos conectamos mejor un poco después de que comencé "La imperfección es hermosa". Cuando se licenció en diseño gráfico, ambos colaboramos y compartimos ideas. Descubrí que su talento y lo detallada que puede llegar a ser en un sitio web y artículos de marketing es increíble. Ella tiene la pasión y fue hermoso verlo. Ambos nos ayudamos mutuamente para ayudar a mejorar nuestras habilidades en nuestra vida personal y profesional.

Nuestra amistad se hace cada vez más fuerte a lo largo de los años. Ella es el tipo de mujer a la que acudo si necesito reírme y alejarme de mi vida caótica lidiando con cosas de negocios y el mundo de la realidad; Ella me ayuda a soltar toda la tensión y a estar en el momento. Pasaremos horas hablando, riendo a carcajadas y haciendo cosas divertidas. Crystal también es una gran ayuda, si necesito ayuda con mis materiales de coaching de vida y necesito practicar, ella está ahí para darme críticas, lo que me ayudará a ser mejor en mis sesiones. Ella también me ayuda con la venta de mi arte y mercancía, ella está allí ayudándome y poniendo su corazón y su alma. No solo me gusta representar lo que hago, sino que cuando ella está presente conmigo, me encanta decirle a mi cliente que ella es la diseñadora detrás de "Imperfection is Beautiful". Este logo va a llegar lejos y quiero asegurarme de que el nombre de Crystal también salga a la luz. Crystal merece mucho reconocimiento porque me está ayudando a vivir esta vida de ensueño, y tener una mujer como ella para ayudarme es algo tan hermoso. Sé que tengo un amigo increíble que no solo me ayuda a vivir la vida de mis sueños como artista, orador y entrenador de vida, sino que creó una amistad de por vida que es digna de confianza. ¡Siempre mantendré nuestros recuerdos divertidos cerca de mi corazón y abrazaré cada momento con ella porque es una amiga única!

Tiffy y Shey: Ah, estas dos chicas increíbles, las había visto en la escuela secundaria pero nunca hablé con ellas. Tiffy, yo sabía que ella estaba en las clases de Arte AP y que salía con muchos hispanos y Shey era muy callada y solo la veía en mi salón de clases. Realmente no hablé con ninguno de los dos porque estaba lidiando con mucho drama con las chicas. Sentí que no necesitaba tratar de ser amiga de los demás. Sentí que prefería estar sola que hablar con otra chica.

Después de la escuela secundaria, cuando todos nos graduamos en 2014, todos comenzamos a hablar entre nosotros, no recuerdo cómo funcionó todo, pero sabía que Tiffy y Shey salían a menudo y sentí que ambos abrieron los brazos para incluirme en su amistad. Al principio se sintió raro, pero la forma en que ambos son era muy maduro y se sintió relajante charlar con ellos. Están ahí para divertirse y no para juzgarse ni odiarse unos a otros. Tiffy, es muy artística y está a la moda; mientras que Shey es relajada y del tipo que se divierte y no necesita el drama. Ambos juntos es como tomar mi helado de chocolate favorito con chispas de chocolate y aderezos Oreo. Eran mi tipo de amigos divertidos y es algo que necesitaba, especialmente con mi peor pesadilla de ser intimidada en mi último año. Cuando todos salimos a comer, nos encanta salir a comer, ir al bar y a las discotecas, y tomar un helado. Podemos pasar horas hablando de nuestras historias más locas en las que nos hace reír tanto que nos empieza a doler el estómago. Siempre me encanta pasar tiempo con estas dos chicas, me trae de vuelta a nuestra adolescencia sin importar la edad que tengamos ahora. ¡Tiffy y Shey siempre serán mis dos amigas divertidas!

Beth: Cuando me mudé por primera vez en el desarrollo de mi casa, fui abusada física y mentalmente por las niñas que viven allí. Sentí que no podía tener un amigo que pudiera tratarme de manera justa y simplemente aceptarme. El único amigo que hice fueron mis vecinos, Lester y JoAnn, y más tarde me presentaron a Bethany. Cuando la conocí por primera vez en mis primeros años de preadolescencia, sabía que era una chica súper campestre y parecía querer pasar un rato divertido y corchoso. Nos quedamos a dormir en la casa de Lester y JoAnn y jugamos juegos divertidos, nos maquillamos el uno al otro con los ojos vendados. Cuando salimos, vamos a conciertos locales de country, vamos a Cicis Pizza en Whitehall y vamos al centro comercial en Clare's para probar diferentes joyas y simplemente hacer el tonto. También nos aseguramos de acompañar a JoAnn porque sabemos que a ella también le encanta divertirse. Al pasar tiempo con Bethany, sentí que podía ser divertida y tonta sin ningún tipo de odio. Ella significó mucho para mí que la hiciera asistir a mi fiesta de Sweet 16 y yo tuve

Se sentó conmigo en el coche de caballos.

En nuestros años universitarios, no nos veíamos tanto como antes, pero nos mantenemos en contacto. Beth me ayudó mucho con las opciones universitarias y a decidir qué puedo hacer en mi carrera. Durante el Covid 19, estaba pasando por una crisis con cómo se estaba convirtiendo el mundo y cómo estaba siendo la universidad

Para mí. No pude recibir asesoramiento en ese momento y el profesor no estaba siguiendo mis adaptaciones. Cuando mi profesor de arteterapia estaba siendo tan duro conmigo, necesitaba llamar a Bethany después de clase. Lloré mucho cuando hablé por teléfono con ella, ella me escuchó y me hizo saber que tengo derecho a hacer lo que es correcto para mí. Me sentí tan bien al saber que tenía a alguien que me respaldaba cuando sentía que a la universidad en sí ni siquiera le importaba o reconocía por lo que estaba pasando. Como adultos ahora, Bethany está enseñando en la escuela primaria inspirando a los niños a ser lo mejor que puedan ser. Estoy muy feliz de conocer a alguien que tiene pasión por la enseñanza y puede marcar la diferencia para estos pequeños. Ella no solo tendrá un impacto positivo en estos niños, sino que hará que estos niños tengan un futuro mejor. Betania es una mujer muy trabajadora porque desde que falleció su padre; Siguió trabajando duro en la escuela y en el trabajo. Sé que eso es lo más difícil de hacer, continuar a pesar de haber perdido a alguien tan cercano a ti. Sin embargo, un hombre llegó a su vida justo a tiempo para ella. Ella tiene un hombre tan increíble que la tomó de la mano y la llevó en coche. Me siento honrada de ser su dama de honor durante el día de su boda en julio de 2023 y poder vivir su momento especial. No puedo esperar a ver qué más recuerdos podemos crear juntos. Junto

Tendremos un impacto positivo en los jóvenes.

Melissa y Laraine: ¡Mis dos mujeres poderosas aquí! Mientras he estado haciendo contactos y saliendo a la luz, he conocido a estas dos mujeres increíbles. Primero fue Melissa, la conocí en el evento Michael Madden Elite Networking. Todo lo que puedo decir es que me encanta su actitud; Me encanta lo directa y directa que es. Ella es una inspiradora coach de vida de desarrollo y todo lo que hace es lo que me encantaría hacer como coach de vida motivacional. Ella es un gran recurso para mí cuando me siento atascado en lo que estoy haciendo con mi negocio de Imperfección es Hermosa. Admiro sus consejos porque sé que tiene muchas experiencias. En cuanto a mi querida Laraine, la conocí en LinkedIn. Acabo de ver su perfil y lo que hace es similar a lo que yo hacía en mis talleres. Conectamos al instante y nos hicimos amigos cercanos. Veo a Laraine más como una tía para mí porque tiene un corazón y un alma muy cálidos en los que me ayuda a tomar las decisiones correctas. Ella me apoya en mis eventos y disfruta de cada idea que se me ocurre. Es una editora increíble; Ella me ayuda con mis documentos/discursos motivacionales. Ella siempre dice cuánta sabiduría tengo para una edad tan temprana.

Cuando estaba pasando por el acoso sexual en un trabajo, sentía que no tenía voz y sentía que necesitaba reunirme con ambos en persona y discutir sobre mis problemas en el trabajo. Laraine y Melissa sintieron que esto debía tomarse más en serio y que tenía que hacer algo de inmediato. Melissa dijo: "Vamos a buscar tus cosas y vamos de ese lugar", y Laraine la seguía y estuvo de acuerdo en que era algo que tenía que hacer. Hablar con ellos me hizo sentir bien y me hizo sentir que tenía una voz para ser escuchada. Melissa hizo todo lo posible para seguirme para ir a ese trabajo para ayudarme a agarrar mis cosas y ambos nos fuimos. Esta fue la experiencia más ansiosa por la que he pasado en toda mi vida. Ese día aprendí que tengo que mantenerme firme y hablar, porque si no, se aprovecharán de mí. Estoy muy feliz de haber dejado este trabajo porque me dio la oportunidad de explorar más en mi negocio de Coaching de Vida Motivacional. Melissa y Laraine me han enseñado muchas lecciones significativas en mi vida. Todos trabajamos como un gran equipo al que llamamos nuestro equipo el Dream Team. Todos estamos haciendo algo por los demás y por nuestra comunidad. Estoy agradecida de saber que siempre tendré el apoyo continuo de estas dos mujeres. ¡Ambos creen tanto en mí que me motiva a seguir esforzándome!

Quería que mi pintura representara lo diversos que son mis amigos pintando sus banderas en cada una de sus imágenes corporales. Mientras era amiga de cada uno de ellos, aprendí mucho sobre ellos, de dónde son, sus tradiciones, sus comidas, sus culturas y mucho más. En esta pintura, quiero que mis espectadores vean esta pintura como si fuera yo viendo a estas mujeres. Es mi visión de lo que veo en mis mujeres de una manera abstracta. Quiero incluirlos para que sean todos diferentes a su manera. A su manera, los pinté con diferentes imágenes corporales. Quiero demostrar en la pintura que todos tenemos una imagen corporal diferente y que hay que abrazarla, no avergonzarse. Sé que algunas mujeres luchan con su apariencia, pero cuando soy amiga de alguien, acepto todo sobre ellos porque merecen sentirse hermosos. Me encanta vernos a todas abrazándonos como mujeres hermosas e imperfectas. Es lo que siempre he soñado desde que era una niña. Quiero ser la de mi grupo de amigos para mostrarles que pueden amar su verdadero yo natural porque somos humanos y estamos destinados a vernos maravillosamente imperfectos. No hay nadie como mis mejores amigas.

Sobre el Autor

Lisa es la fundadora de Imperfection is Beautiful, que representa a Lisa y su obra de arte. Lisa se llama a sí misma una artista motivacional abstracta porque es una artista y una oradora motivacional. Como artista, crea pinturas de nacionalidad y motivación. Su propósito para las pinturas es ayudar a que los demás se sientan bien y darles un recordatorio de que nunca se rindan.

Descubrió que sus pinturas son una forma útil de trabajar con sus emociones y ayudar a los demás también. Aquí es donde comenzó su empresa porque quería ayudar a motivar a otros a través de sus pinturas y talleres. Comenzó a hacer esto proporcionando a otros actividades artísticas, charlas motivacionales, talleres y entrenamiento.

Como oradora motivacional, habla a las personas sobre cómo aceptar sus imperfecciones y cómo tener una mentalidad fuerte cuando atraviesan momentos difíciles. También ofrece programas de talleres que se basan en actividades artísticas y charlas motivacionales. En sus sesiones privadas, ofrece habilidades certificadas de coaching de vida que se centran en el descubrimiento de la personalidad, las habilidades de afrontamiento y las habilidades de gestión del tiempo.

Lisa MacDonald ha dado charlas motivacionales en el Distrito Escolar de East Penn. Fue la oradora principal de la Caminata de Concientización sobre la Salud Mental y realizó su primer seminario llamado "El poder de las imperfecciones".

Se graduó de Lehigh County Community College y obtuvo su licenciatura en artes en Cedar Crest College.

¡Gracias por leer mi libro!

Espero que mi arte y mi historia te inspiren a compartir la tuya para ayudar a difundir la conciencia de que nunca estamos solos en nuestros desafíos.

No te avergüences de tus imperfecciones. ¡Abrázalos! ¡Habla de ellos y hazles saber a otras personas que ellos también pueden superar sus desafíos!

¡Todos estamos aquí por una razón! ¡Sé esa razón y vive la vida de tus sueños!

- Sígueme en mi imperfecto viaje a través de las redes sociales:
- Facebook: www.facebook.com/abstract.motivational.artist
- Instagram: Imperfection_is_Beautiful17
- Art Instagram: Abstract_Motivational_Art
- TikTok: Motivational Life Coach

Poseer el arte de Lisa

Las impresiones de todas las obras de arte que aparecen en este libro están a la venta en una amplia gama de tamaños, incluidos 5X7, 8X10, 9X12, 11X14 y 16X20. Póngase en contacto con lisamacdonald936@yahoo.com para realizar un pedido

---

La imperfección es hermosa

Ama tus imperfecciones

EMPODERANDO A LA COMUNIDAD A TRAVÉS DE PROGRAMAS DE ARTE Y MOTIVACIÓN

Programa de amor propio: Este programa está diseñado para ayudar a las mujeres a cultivar un fuerte sentido de autoestima, desarrollar la autoestima y obtener paz interior. En cada taller, los participantes serán guiados a través del arte y la charla de motivación.

Programa extracurricular para escuelas intermedias y secundarias: Este programa consta de 13 semanas de actividades artísticas, charlas motivacionales y actividades grupales. Esto beneficia las habilidades de comunicación de los jóvenes, desarrolla la autoestima y las habilidades de liderazgo.

Talleres para veteranos: Estos talleres de expresión artística contienen diferentes temas y materiales artísticos. Cada veterano tendrá la oportunidad de expresarse visualmente y abrirse en un espacio seguro.

Servicios de Coaching de Vida Motivacional

- Habilidades de autodescubrimiento
- Habilidades de gestión del tiempo
- Habilidades de afrontamiento

Para más información 484-619-3461

LISAMACDONALD936@YAHOO.COM

Etsy:Imperfectionbylisa

www.imperfectionisbeautiful.life